中国工会十八大文件汇编

中华全国总工会　编

中国工人出版社

图书在版编目（CIP）数据

中国工会十八大文件汇编 / 中华全国总工会编 . —
北京：中国工人出版社，2023.10
ISBN 978-7-5008-8268-8

Ⅰ . ①中… Ⅱ . ①中… Ⅲ . ①中国工会代表大会 - 文件 - 汇编
Ⅳ . ① D412.3

中国国家版本馆 CIP 数据核字（2023）第 174131 号

中国工会十八大文件汇编

出版人	董　宽
责任编辑	赵晨羽　周子欣
责任校对	张　彦
责任印制	栾征宇
出版发行	中国工人出版社
地　址	北京市东城区鼓楼外大街45号　邮编：100120
网　址	http://www.wp-china.com
电　话	（010）62005043（总编室）
	（010）62005039（印制管理中心）
	（010）62382916（工会与劳动关系分社）
发行热线	（010）82029051　62383056
经　销	各地书店
印　刷	北京市密东印刷有限公司
开　本	660毫米×960毫米　1/16
印　张	14.5
字　数	160千字
版　次	2023年10月第1版　2023年10月第1次印刷
定　价	36.00元

本书如有破损、缺页、装订错误，请与本社印制管理中心联系更换

目　　录

党和国家领导人讲话、致词

文　件

中国工会十八大领导机构、全总十八届领导机构

贺　词

重要新闻报道

学习宣传贯彻通知

党和国家领导人讲话、致词

习近平在同中华全国总工会新一届
领导班子成员集体谈话时强调

坚持党对工会的全面领导 组织动员亿万职工积极投身 强国建设民族复兴伟业

蔡奇出席

中共中央总书记、国家主席、中央军委主席习近平23日下午在中南海同中华全国总工会新一届领导班子成员集体谈话并发表重要讲话。习近平强调，我国工运事业是在党的领导下发展起来的，工会是党领导的工人阶级群众组织。坚持党对工会的全面领导，任何时候、任何情况下都不能动摇、不能偏离。要坚持全心全意依靠工人阶级的根本方针，充分调动广大职工群众的积极性、主动性、创造性，积极投身全面推进强国建设、民族复兴的伟大事业。

中共中央政治局常委、中央书记处书记蔡奇参加集体谈话。

习近平首先表示，党的十八大以来，在党中央坚强领导下，我国工人阶级在党和国家事业发展中发挥了主力军作用，工运事业取得历史性成就，工会工作实现全方位进步。过去5年，广大职工群众与党同心、跟党奋斗，在经济建设、科技创新、脱贫攻坚、乡村振兴、疫情防控、抢险救灾等重大工作中，展现了敢打硬仗、勇挑重担的时代风采。全国总工会和各级工会加强职工思想政治引领，推进产业工人队伍建设改革，保障劳动者权益，维护劳动领域政治安全，深化工会系统改革，政治性、先进性、群众性不断增强。对工人阶级作出的重大贡献，对工会工作取得的新成绩，党中央是充分肯定的。党中央对全国总工会新一届领导班子寄予殷切期望。

习近平强调，坚持党的领导必须全面地、有效地贯彻落实到工会工作全过程和各方面。要坚定维护党中央权威和集中统一领导，始终在思想上政治上行动上同党中央保持高度一致。要坚持不懈用新时代中国特色社会主义思想凝心铸魂，持续推动理论武装走深走实，不断增强学习践行党的创新理论的思想自觉和行动自觉。要牢记“国之大者”，找准工会工作与党的中心任务的结合点、切入点、着力点，推动党中央决策部署在工会系统落实落地。要加强思想政治引领，做好职工思想政治工作，教育引导广大职工坚定不移听党话、跟党走，确保工人阶级始终是我们党最坚实最可靠的阶级基础。

习近平指出，要把广大职工群众紧密团结在党的周围，为实现党的中心任务而团结奋斗。要围绕贯彻新发展理念、构建新发展格局、推动高质量发展，广泛深入开展各种形式的劳动和技能竞赛，激发广大职工的劳动热情、创造潜能，在各行各业各个领域充分发挥主力军作用。要大力弘扬劳模精神、劳动精神、工匠精神，发挥好劳模工匠示范引领作用，激励广大职工在辛勤劳动、诚实劳动、创造性劳动中成就梦想。要围绕深入实施科教兴国战略、人才强国战略、创新驱动发展战略，深化产业工人队伍建设改革，加快建设一支知识型、技能型、创新型产业工人大军，培养造就更多大国工匠和高技能人才。

习近平强调，工人阶级和广大劳动群众是社会财富的主要创造者，推动全体人民共同富裕取得更为明显的实质性进展，首先要体现在亿万劳动者身上。工会作为职工利益的代表者和维护者，要认真履行维权服务基本职责，着力解决关系职工群众切身利益的实际问题，重视维护新就业形态劳动者的合法权益。要加强企事业单位民主管理，畅通职工诉求表达渠道，引导职工依法维护自身权益，推动构建和谐劳动关系。

习近平指出，要继续深化工会改革和建设，牢固树立大抓基层的鲜明导向，夯实基层基础，激发基层活力，不断增强基层工会的引领力、组织力、服务力。要健全已有的组织基础，扩大工会组织覆盖面。要创新工作方式，努力为职工群众提供精准、贴心的服务。工会干部要践行党的群众路线，深入调查研究，及时了解职工所思所想所盼，不断增强服务职工本领，真心实意为职工说话办事。全国总工会要带头加强自身建设，当标杆、作表率，成为让党放心、让人民满意的模范政治机关。

习近平强调，各级党委要加强对工会和工会工作的领导，选好配强工会领导班子，热情关心和严格要求工会干部，重视培养和使用工会干部。要注重发挥工会组织作用，及时研究职工群众和工会工作遇到的重要问题，支持工会创造性开展工作。各级政府要发挥好政府和工会联席会议作用，积极帮助工会解决职工群众的实际困难和问题。

中华全国总工会主席王东明代表中华全国总工会新一届领导班子就中国工会十八大有关情况和未来5年工会工作安排作了汇报。全国总工会副主席徐留平、杨宇栋、高凤林作了发言。

石泰峰、李干杰、李书磊、陈文清、刘金国、王小洪参加谈话。

（《人民日报》2023年10月24日）

奋力书写我国工人阶级投身强国建设民族复兴的壮丽篇章

——在中国工会第十八次全国代表大会上的致词

（2023 年 10 月 9 日）

蔡　奇

各位代表，同志们：

中国工会第十八次全国代表大会今天隆重开幕了。我受习近平总书记和党中央委托，向大会召开表示热烈的祝贺！向全国广大职工和工会干部致以诚挚的问候！

党的十八大以来，在以习近平同志为核心的党中央坚强领导下，我国工人阶级紧紧团结在党的周围，在促进经济社会高质量发展、脱贫攻坚、抗击新冠疫情和各种自然灾害、应对各种风险挑战中勇担重任、拼搏实干，为推动党和国家事业取得历史性成就、发生历史性变革作出了重要贡献。在波澜壮阔的实践中，我国工人阶级信念更加坚定，素质全面提高，面貌焕然一新，充分展现了主人翁的豪迈姿态。实践充分证明，我国工人阶级不愧是我们社会主义国家的领导阶级，不愧是先进生产力和生产关系的代表，不愧是新时代坚持和发展中国特色社会主义的主力军。

中国工会十七大以来，各级工会坚持以习近平新时代中国特色社会主义思想为指导，学习贯彻习近平总书记关于工人阶级和工会工作的重要论述，加强党的建设，深化改革创新，强化职工思想政治引领，推进产业工人队伍建设改革，履行维权服务职责，构建和谐劳动关系，动员广大职工积极建功新时代，同全国人民同步迈上全面建设社会主义现代化国家新征程。

习近平总书记始终高度重视工人阶级和工会工作，关心看望职工群众的足迹遍布大江南北，对改善广大劳动群众生产生活条件念兹在兹，亲自指导谋划产业工人队伍建设改革和工会改革，多次通过座谈、贺信、回信、指示批示等方式为党的工运事业和工会工作把关定向，彰显了大党大国领袖对工人阶级的深厚情谊和对工会工作的殷切关怀。习近平总书记关于工人阶级和工会工作的重要论述，深刻回答了新时代为什么要全心全意依靠工人阶级、怎样全心全意依靠工人阶级，建设什么样的工会、怎样建设工会等方向性、根本性、战略性重大问题，为新时代党的工运事业发展和做好工会工作提供了根本遵循。实践充分证明，新时代工人阶级的发展壮大、工会工作的蓬勃发展，根本在于有以习近平同志为核心的党中央坚强领导，有习近平新时代中国特色社会主义思想科学指引。

迈上新征程，党的二十大鲜明确立了以中国式现代化全面推进强国建设、民族复兴伟业的中心任务。党的中心任务就是中国工人运动和工会工作的主题和方向。我国工人阶级要紧紧围绕党的中心任务，发扬优良传统，强化使命担当，以更加饱满的热情、更加顽强的奋斗、更加智慧的创造，全身心投入强国建设、民族复兴伟业，用劳动书写绚丽多彩的时代画卷。

以忠诚可靠赓续工人阶级政治本色。工人阶级是我们党最坚实最可靠的阶级基础。新征程上，工人阶级要坚定不移听党话、跟党走。要自觉用习近平新时代中国特色社会主义思想凝心铸魂，深刻领悟“两个确立”的决定性意义，增强“四个意识”、坚定“四个自信”、做到“两个维护”。要牢固树立共产主义远大理想和中国特色社会主义共同理想，把自身前途命运同国家和民族前途命运紧紧联系在一起，在推进中国式现代化中贡献智慧力量、创造美好生活。

以劳动创造担当工人阶级使命任务。新征程上，工人阶级要围绕贯彻新发展理念、构建新发展格局、推动高质量发展，在推进重大战略、重大工程、重大项目、重点产业中攻坚克难、拼搏奉献，在千帆竞发的经济建设洪流中干事创业、奋楫争先。要立足本职岗位，诚实劳动、勤勉敬业，敢为人先、争创一流，依靠劳动创造扎实推进中国式现代化，奏响劳动光荣、创造伟大的时代强音，铸就工人阶级新辉煌。

以过硬本领展现工人阶级时代风采。新征程上，工人阶级要树立终身学习的理念，密切关注行业、产业前沿知识和技术进展，打牢扎实的知识根基。要干一行、爱一行、精一行，勤学苦练、深入钻研，走技能成才、技能报国之路。要锐意创新、勇于创造，聚焦关键核心技术，提高自主创新能力，让更多创新成果竞相涌现，奋力跑出工人阶级创新创造的“加速度”。

以团结奋斗弘扬工人阶级崇高品格。新征程上，工人阶级要自觉践行社会主义核心价值观，大力弘扬劳模精神、劳动精神、工匠精神，争当弘扬社会风尚的表率。要坚定战胜各种困难的信心和决心，勇于迎接各种风险挑战，不以事艰而不为、不以任重而退缩，依靠顽强斗争打开事业发展新天地。要增进团结统一，心往一处想、劲往一处使，团结成“一块坚硬的钢铁”，推动中华民族伟大复兴号巨轮乘风破浪、行稳致远。

工会是中国共产党领导的工人阶级群众组织，承担着组织动员广大职工为完成党的中心任务而团结奋斗的历史使命。新征程上，各级工会要坚持走中国特色社会主义工会发展道路，忠诚党的事业、竭诚服务职工，勇于担当，奋发进取，推动党中央决策部署在工会系统落地见效，奋力谱写党的工运事业崭新篇章。

要始终坚持正确政治方向。工会组织首先是政治组织，工会工作首要是政治工作。各级工会要深入学习贯彻习近平新时代中国特色社会主义思想，深入学习贯彻习近平总书记关于工人阶级和工会工作的重要论述，在思想上政治上行动上同以习近平同志为核心的党中央保持高度一致。要创新思想政治工作，持续推动党的创新理论走进职工当中，教育引导亿万职工紧密团结在党的周围，不断巩固党长期执政的阶级基础和群众基础。

要广泛凝聚团结奋斗伟力。围绕中心、服务大局是工会组织的光荣传统。各级工会要围绕推动高质量发展，广泛深入开展各种形式的劳动和技能竞赛，深化群众性创新活动，激发亿万职工建功立业、创新创造的智慧和力量。要深化产业工人队伍建设改革，发挥牵头抓总作用，落实思想引领、建功立业、素质提升等各项措施，健全技能形成和职业发展体系，培养造就更多的大国工匠和高技能人才。要做好劳模评选表彰和服务工作，选树宣传“大国工匠”、“最美职工”，引导广大职工争当劳动模范、能工巧匠，营造尊重劳动、尊重知识、尊重人才、尊重创造的浓厚氛围。

要切实提高维权服务质量。维护职工合法权益、竭诚服务职工群众是工会组织的基本职责。各级工会要坚持以职工为中心的工作导向，完善以普惠性服务和精准帮扶为重点的服务体系，为职工群众提供贴心服务。要高度关注新就业形态劳动者、农民工、城市困难职工等群体，帮助他们解决急难愁盼问题。要突出企业工会主体作用，健全以职工代表大会为基本形式的企业民主管理制度。要健全劳动关系协商协调工作机制，夯实和谐劳动关系基础，坚决维护劳动领域政治安全。

要有效发挥桥梁纽带作用。各级工会要坚持改革创新，围绕保持和增强政治性、先进性、群众性，在建机制、强功能、增实效上下更大功夫，不断增强工会组织的吸引力、凝聚力、战斗力。要树立大抓基层的鲜明导向，有效激发基层工会活力。要推进工会工作法治化建设，依法建会、管会、履职、维权。要打造忠诚干净担当的高素质专业化工会干部队伍。要落实新时代党的建设总要求，推动工会系统党的建设高质量发展。

工会工作是党的群众工作的重要组成部分。各级党委（党组）要加强和改进对工会工作的领导，把党政所需、职工所急、工会所能的事更多地交给工会去办，及时帮助解决实际困难，为工会履职创造有利条件。

各位代表，同志们！劳动创造幸福，奋斗铸就伟业。让我们更加紧密地团结在以习近平同志为核心的党中央周围，踔厉奋发、勇毅前行，为全面建设社会主义现代化国家、全面推进中华民族伟大复兴而团结奋斗！

最后，预祝中国工会第十八次全国代表大会圆满成功！

文 件

以习近平新时代中国特色社会主义思想为指导组织动员亿万职工为强国建设民族复兴团结奋斗

——在中国工会第十八次全国代表大会上的报告

（2023 年 10 月 9 日）

王 东 明

各位代表，同志们：

现在，我代表中华全国总工会第十七届执行委员会向大会作报告，请予审议。

中国工会第十八次全国代表大会，是在我国迈上全面建设社会主义现代化国家新征程、向第二个百年奋斗目标进军的关键时刻召开的一次十分重要的大会。大会的主题是：坚持以习近平新时代中国特色社会主义思想为指导，全面贯彻党的二十大精神，深入贯彻习近平总书记关于工人阶级和工会工作的重要论述，全面落实全心全意依靠工人阶级根本方针，忠诚履职、勇于担当，组织动员亿万职工为全面建设社会主义现代化国家、全面推进中华民族伟大复兴团结奋斗。

一、新时代我国工运事业的发展和过去五年的工作

党的十八大以来，以习近平同志为核心的党中央始终关心

关爱工人阶级，高度重视并有力领导推进党的工运事业和工会工作。习近平总书记每逢“五一”国际劳动节都以不同方式向职工群众致以节日祝贺，每到一地考察都深入基层看望劳动模范、慰问职工群众，亲临全总机关与劳模代表座谈，多次给劳模和一线职工等回信，向首届大国工匠创新交流大会致贺信，领导召开党的历史上第一次中央党的群团工作会议，亲自谋划指导产业工人队伍建设改革和工会改革，为党的工运事业和工会工作领航掌舵、把关定向。亿万职工群众牢记习近平总书记和党中央的殷殷嘱托，坚定不移听党话、跟党走，诚实劳动、勤勉工作，锐意创新、敢为人先，汇聚起奋进新时代的磅礴力量，在打赢脱贫攻坚战、全面建成小康社会、统筹推进疫情防控和经济社会发展、有效应对风险挑战中发挥了重要作用。在这一伟大历史进程中，我国职工队伍不断壮大，素质持续提高，精神面貌焕然一新，创新创造成绩斐然，展示出我国工人阶级团结奋斗的时代风采。

中国工会十七大以来，我们坚持以习近平新时代中国特色社会主义思想为指导，深入贯彻习近平总书记关于工人阶级和工会工作的重要论述，围绕中心、服务大局，积极进取、勇担责任，聚焦主责主业、坚持改革创新，保持和增强政治性、先进性、群众性，推动各项工作取得新进展新成效，奋力谱写了党的工运事业和工会工作新篇章。

——全面学习贯彻习近平新时代中国特色社会主义思想，坚定拥护“两个确立”、坚决做到“两个维护”。坚持把学习贯彻习近平新时代中国特色社会主义思想作为首要政治任务，完善理论学习制度，扎实开展“不忘初心、牢记使命”主题教育、党史学习教育、学习贯彻习近平新时代中国特色社会主义思想主题教育，坚持不懈用党的创新理论统一思想、统一意志、统一行动。深入贯彻习近平总书记关于工人阶级和工会工作的重要论述，推动公开出版《习近平关于工人阶级和工会工作论述摘编》，定期召开学习贯彻重要论述理论研讨会，形成学习贯彻党的工运创新理论的制度性安排，深刻领悟“两个确立”的决定性意义，增强“四个意识”、坚定“四个自信”、做到“两个维护”。

——大力加强思想政治引领，团结引导职工群众听党话、跟党走。认真履行政治责任，推动习近平新时代中国特色社会主义思想进企业、进车间、进班组，走近职工身边、走进职工心里。推动理想信念教育进一步常态化制度化，开展党史、新中国史、改革开放史、社会主义发展史宣传教育，加强红色工运资源的挖掘保护和管理运用，命名一批全国职工爱国主义教育基地。广泛开展“中国梦·劳动美”主题宣传教育，每年发布全国“最美职工”，推动全社会大力弘扬劳模精神、劳动精神、工匠精神。打造“工”字系列职工文化特色品牌，新建职工书屋 5 万余家，强化工会网上舆论引导，团结职工群众唱响主旋律。

——团结动员广大职工积极建功新时代，充分发挥工人阶级主力军作用。围绕国家重大战略、重大工程、重大项目、重点产业，开展“当好主人翁、建功新时代”、“建功‘十四五’、奋进新征程”等主题劳动和技能竞赛，扎实推进企业开展劳动竞赛、“五小”等群众性创新创造活动，参与竞赛活动的企事业单位和职工数量年均分别达到 58 万余家、5806 万人次。开展劳动模范和先进工作者选树工作，共表彰全国劳动模范和先进工作者 2493 名、全国五一劳动奖 4952 个、全国五一巾帼奖2200个。举办大国工匠创新交流大会、大国工匠论坛，选树宣传“大国工匠年度人物”，建设工匠学院360家、劳模工匠创新工作室8万多家。统筹开展工会系统援藏援疆工作。抓好工会定点扶贫和帮扶工作，在打赢脱贫攻坚战、全面推进乡村振兴中发挥积极作用。

——**深化产业工人队伍建设改革，努力建设高素质劳动大军**。坚决贯彻习近平总书记重要指示批示精神，认真履行牵头抓总职责，研究制定深化产业工人队伍建设改革的意见，建立健全推进改革工作机制，推动将产业工人队伍建设改革纳入专项督查。构建产业工人技能形成体系，搭建建功立业平台，完善职业发展制度。开展产业工人队伍建设改革试点、十大产业百家企业深化产业工人队伍建设改革专项行动，实施产业工人队伍建设改革提升年、深化年行动，发挥国有企业示范带动作用，推动非公企业落实改革举措，持续推动产业工人队伍建设改革走深走实。

——**切实履行维权服务基本职责，促进提高职工生活品质**。加大城市困难职工帮扶解困力度，工会系统建档立卡的549.9万户城市困难职工家庭如期实现解困脱困。构建常态化梯度帮扶长效机制，工会两节送温暖活动筹集资金218.7亿元，慰问职工4250.6万人次。加大对职工劳动就业、收入分配、社会保障、劳动安全卫生等权益的维护力度，指导企业依法开展工资集体协商，推动完善职工社会保障制度，加强女职工权益维护和关爱服务。突出抓好重点群体维权服务，推动健全落实新就业形态劳动者权益维护制度和政策，推动解决拖欠农民工工资问题，做好核工业等特殊困难群体帮扶工作。持续开展“尊法守法·携手筑梦”服务农民工公益法律服务行动，服务农民工 2900 多万人次。加强服务职工基础设施建设，提升职工服务中心（困难职工帮扶中心）综合服务职工功能，推进工人文化宫、工人疗休养院规范化建设，建成 13.1 万个工会户外劳动者服务站点，加强职工互助保障组织建设，开展职工公益活动。应对突如其来的新冠疫情，推出支持受疫情影响严重的行业和小微企业发展等 20 条举措，筹集资金 77.5 亿元，帮扶慰问职工 2289.5 万人次。

——积极构建和谐劳动关系，切实防范化解劳动领域风险隐患。贯彻总体国家安全观，坚持维权维稳相统一，建立健全落实“五个坚决”要求长效机制，一手抓防范化解，一手抓引领构建，坚决维护职工队伍和社会大局和谐稳定。发挥部委协同工作机制和工会联动工作机制作用，强化劳动关系风险监测、分析、预防和处置，切实把矛盾纠纷解决在基层、化解在萌芽状态。加强企事业单位民主管理制度建设，规范集团职代会制度，推进省级厂务公开协调领导机构建设。开展集体协商稳就业促发展构和谐三年行动，推动完善协调劳动关系三方机制。推动建立完善劳动争议多元化解协作联动机制，联合人社、法院、司法等部门构建“调裁诉援”有效衔接工作体系，推进劳动领域多元解纷“一站式”平台建设。

——扎实推进改革创新，有效激发工会组织的生机活力。积极参与工会法等法律法规修改工作，加强工会工作法治化建设。推行“重点建、行业建、兜底建”模式，开展新就业形态劳动者入会集中行动、百人以上企业建会专项行动和社会组织建会专项行动，实现全国互联网百强企业全部建会，新增新就业形态劳动者会员 1227 万余人。扎实开展“转作风、解难题、促发展、保稳定”专项行动，推进“县级工会加强年”

专项工作，加强财务管理、资产监督管理、经费审查审计监督等，工会工作的整体效能不断提升。

——**全面加强党的建设，努力建设模范机关。**贯彻新时代党的建设总要求，每年召开全国工会党风廉政建设、推进全面从严治党工作会议，自觉接受各级纪委监委驻工会机关纪检监察组监督，不断把全面从严治党引向深入。严格执行中央八项规定及其实施细则精神，制定实施加强党的政治建设的具体措施，持之以恒正风肃纪反腐，风清气正的良好政治生态持续提升。坚持改进工作作风、密切同职工群众联系，常态化开展工会系统机关干部赴基层蹲点工作，全国共组成蹲点工作组1.5万个，派出蹲点干部4.5万余人。

五年来，我们认真做好工会港澳台工作，加强与各国工会组织、区域和国际工会组织的交流交往，圆满举办第十一届金砖国家工会论坛，成功连任国际劳工组织工人正理事，积极服务国家外交和总体战略。

所有这些成就的取得，根本在于有以习近平同志为核心的党中央的坚强领导，在于有习近平新时代中国特色社会主义思想的科学指引。这些成就是各级党委、政府和社会各界大力支持、鼎力相助的结果，是历届工会老领导和老同志勤奋工作、无私奉献的结果，是全国亿万职工群众和工会工作者辛勤耕耘、不懈奋斗的结果。在这里，我代表中华全国总工会第十七届执行委员会并以本次大会的名义，向以习近平同志为核心的党中央致以崇高的敬意！向中央和国家机关各部门，向各级党委、人大、政府、政协，向共青团、妇联等群团组织以及社会各界，向中国人民解放军指战员、武警部队官兵和公安干警，表示衷心的感谢！向全国职工群众、工会工作者和曾经战斗在工会工作战线上的老领导、老同志，致以崇高的敬意！

在充分肯定成绩的同时，我们也清醒地认识到，工会工作与党中央的要求、亿万职工群众的期盼相比，还存在不少差距和不足。主要表现在：职工思想政治引领的针对性实效性不够，影响力需要进一步增强；维权服务不能充分满足职工群众多样化需求，广度、深度、精准度有待提高；新就业形态领域工会组建率、新就业群体入会率不够高，在加强组织建设和作用发挥上需要持续用力；工会组织的改革创新有待深化，数字化转型需要加快步伐；一些工会干部主动担当作为、狠抓工作落实的劲头不足，专业素养、创新能力有待进一步提高，等等。对此，我们必须高度重视，以时不我待的责任感使命感攻坚克难、持续努力，切实加以解决。

二、坚持用习近平新时代中国特色社会主义思想统领工会工作

习近平新时代中国特色社会主义思想，是当代中国马克思主义、二十一世纪马克思主义，是中华文化和中国精神的时代精华，实现了马克思主义中国化时代化新的飞跃，是党和国家必须长期坚持的指导思想。党确立习近平总书记党中央的核心、全党的核心地位，确立习近平新时代中国特色社会主义思想的指导地位，是党在新时代取得的重大政治成果，反映了全党全军全国各族人民共同心愿。实践充分证明，“两个确立”是新时代党和国家事业取得历史性成就、发生历史性变革的决定性因素，是党和人民战胜一切艰难险阻、应对一切不确定性的最大确定性、最大底气、最大保证，必须倍加珍惜、坚定维护、长期坚持。

党的二十大郑重宣示“从现在起，中国共产党的中心任务就是团结带领全国各族人民全面建成社会主义现代化强国、实现第二个百年奋斗目标，以中国式现代化全面推进中华民族伟大复兴”，吹响了奋进新征程的时代号角。中国工人阶级作为中国共产党最坚实最可靠的阶级基础，始终凝聚在党的旗帜下，牢牢把握我国工人运动时代主题，为完成党在不同历史时期的中心任务作出了重要贡献；中国工会作为党领导下的职工群众组织，始终忠诚党的事业，组织动员和服务亿万职工群众，充分发挥了桥梁纽带作用。党的中心任务就是中国工人运动和工会工作的主题和方向。新征程上，中国工人阶级和工会一定要在以习近平同志为核心的党中央坚强领导下，以党的旗帜为旗帜、以党的意志为意志、以党的使命为使命，坚定理想信念、坚守使命追求，自觉团结奋斗、积极改革创新，以更加豪迈的姿态、勇于担当的精神，为实现全面建成社会主义现代化强国、以中国式现代化全面推进中华民族伟大复兴的宏伟目标而奋勇前进。

党的十八大以来，习近平总书记从党和国家事业发展全局出发，就党的工运事业和工会工作发表一系列重要讲话、作出一系列重要指示，强调要坚持党对工运事业和工会工作的领导，永远保持自觉接受党的领导这一优良传统，坚定不移走中国特色社会主义工会发展道路；要坚持全心全意依靠工人阶级的根本方针，巩固工人阶级的领导阶级地位，充分发挥工人阶级的主力军作用；要牢牢把握为实现中华民族伟大复兴中国梦而奋斗的时代主题，紧紧围绕党和国家工作大局，组织带领广大职工群众为实现发展目标建功立业；要加强对职工群众的思想政治引领，引导职工群众听党话、跟党走，巩固党执政的阶级基础和群众基础；要深化产业工人队伍建设改革，努力建设高素质劳动大军；要大力弘扬劳模精神、劳动精神、工匠精神，依靠劳动创造扎实推进中国式现代化；要坚持以职工为中心的工作导向，切实实现好、维护好、发展好工人阶级和广大劳动群众合法权益；要围绕保持和增强政治性、先进性、群众性，深入推进工会改革创新，健全联系广泛、服务职工的工会工作体系。

习近平总书记关于工人阶级和工会工作的重要论述，系统阐明了新时代党的工运事业和工会工作的地位作用、工运主题、发展道路、目标任务、根本保证，深刻回答了新时代为什么要全心全意依靠工人阶级、怎样全心全意依靠工人阶级，建设什么样的工会、怎样建设工会等方向性、根本性、战略性重大问题，为新时代新征程党的工运事业和工会工作提供了根本遵循。这一重要论述，是习近平新时代中国特色社会主义思想的重要组成部分，是对马克思主义劳动学说和工运学说的继承和发展，是对中华优秀传统文化的传承和发扬，是对党领导工运事业丰富实践和宝贵经验提炼升华的重大成果，把我们党对工人运动和工会工作的规律性认识提升到一个新高度，为新时代工运事业和工会工作创新发展指明了前进方向、提供了行动指南，具有重大政治意义、深远历史意义、深刻理论意义、鲜明实践意义。

新征程上，我们要全面深入学习贯彻习近平新时代中国特色社会主义思想，深入贯彻习近平总书记关于工人阶级和工会工作的重要论述，深刻把握党的创新理论的丰富内涵、精神实质和实践要求，深刻领会这一重要思想的世界观方法论和贯穿其中的立场观点方法，更好地把党的创新理论转化为认识世界、改造世界的强大力量，更好把握新时代新征程工运事业和工会工作的特点与规律，增强做好工会工作的责任感使命感，提高履职尽责的能力和水平。要坚持用党的创新理论武装头脑、指导实践、推动工作，以实际行动把亿万职工群众紧紧团结在党的周围，不断夯实党长期执政的阶级基础和群众基础，切实维护职工群众合法权益，努力解决好急难愁盼问题，不断增强广大职工群众的获得感、幸福感、安全感，千方百计调动亿万职工群众的积极性、主动性、创造性，唱响“咱们工人有力量”的时代强音。

三、今后五年的主要工作

今后五年工作的总体要求是：坚持以习近平新时代中国特色社会主义思想为指导，全面贯彻党的二十大精神，深入贯彻习近平总书记关于工人阶级和工会工作的重要论述，紧紧围绕党和国家工作大局，忠诚党的事业、竭诚服务职工，改革创新、奋发进取，保持和增强政治性、先进性、群众性，持续提高引领力、组织力、服务力，充分发挥党联系职工群众的桥梁纽带作用，团结引导亿万职工群众坚定不移听党话、跟党走，为全面建设社会主义现代化国家、全面推进中华民族伟大复兴发挥主力军作用。

（一）坚持党的全面领导，引导职工群众更加紧密团结在党的周围。

坚持不懈用习近平新时代中国特色社会主义思想凝心铸魂。巩固拓展学习贯彻习近平新时代中国特色社会主义思想主题教育成果，全面实施“研读原著、专题研讨、调查研究、转化运用”党的创新理论学习行动，系统掌握习近平新时代中国特色社会主义思想的科学内涵、精神实质和实践要求，做到学思用贯通、知信行统一，自觉用习近平新时代中国特色社会主义思想坚定理想、锤炼党性、指导实践、推动工作，不断提高政治判断力、政治领悟力、政治执行力，深刻领悟“两个确立”的决定性意义，增强“四个意识”、坚定“四个自信”、做到“两个维护”，始终在思想上政治上行动上同以习近平同志为核心的党中央保持高度一致。深入学习贯彻习近平总书记关于工人阶级和工会工作的重要论述，深化理论研究、学理阐释，掌握其核心要义和精神实质，健全完善学习贯彻、创新落实的制度性安排。

强化职工思想政治引领。广泛开展理想信念、社会主义核心价值观、“四史”、“中国梦·劳动美”、“大国工匠”、“最美职工”、“万名劳模工匠宣讲党的创新理论”等系列教育和活动，不断增强职工群众的政治认同、思想认同、理论认同、情感认同，筑牢亿万职工团结奋斗的共同思想基础。加强职工文化阵地建设，开展丰富多彩、喜闻乐见的职工文体活动，打造健康文明、昂扬向上、全员参与的职工文化，不断满足广大职工精神文化需求。切实加强工会宣传工作，按照统筹协调、守正创新、特色鲜明、深度融合的理念，形成党组统一领导、宣传部门牵头抓总、各有关部门及各级工会协同协作、主流媒体和新媒体各展所长的工会宣传工作格局，做强做优工会舆论宣传。

（二）聚焦高质量发展这个首要任务，组织职工群众建功立业、创新创造。

深化产业工人队伍建设改革。履行工会牵头抓总职责，围绕实施制造强国战略，突出新型工业化、新兴产业、数字经济和技术创新，聚焦产业工人思想引领、建功立业、素质提升、地位提高、队伍壮大等重点工作，推动落实终身职业技能培训制度，强化资源协同、政策联动，抓住主要问题实现重点突破，多措并举推动整体提升，努力培养造就更多大国工匠、高技能人才，充分激发产业工人的创造精神和奋进力量，为建设现代化产业体系作贡献。

广泛深入持久开展劳动和技能竞赛。围绕国家重大战略、重大工程、重大项目、重点产业，以技术创新为导向，深入开展“建功‘十四五’、奋进新征程”主题劳动和技能竞赛，探索新产业新业态竞赛活动新形式，打造影响力大、引领力强的竞赛品牌。持续组织职工参加技术革新、技术协作、发明创造、合理化建议、网上练兵和“五小”等群众性创新创造活动，推动形成“建功新时代、比学赶帮超”的新风尚。

突出发挥劳模工匠示范引领作用。大力弘扬劳模精神、劳动精神、工匠精神，开展“劳模工匠进校园”、“劳模工匠助企行”等活动。构建线下线上结合的工匠学院建设体系，深化劳模和工匠人才创新工作室建设，强化职工创新成果展示交流和应用转化。建立完善关心关爱劳模工匠和技能人才的常态化机制，推动落实劳模工匠待遇，提升劳模工匠地位，让劳动光荣、技能宝贵、创造伟大在全社会蔚然成风。

引导企业充分发挥主体作用。推动企业建会强会、维护职工劳动经济权益、推进企业民主管理等，努力构建和谐劳动关系；通过劳动竞赛、技能培养、畅通职业发展通道、创建劳模和工匠人才创新工作室等，组织引导职工群众立足岗位、勤学苦练，深入钻研、敢为人先，持续点燃创新创造激情。

（三）用心用情做好维权服务工作，实现好、维护好、发展好职工群众根本利益。

着力维护职工群众劳动经济权益。把稳就业摆在更加突出的位置，深化工会就业创业服务，加强失业困难群体就业兜底帮扶。推动用人单位开展工资集体协商，完善职工工资决定、合理增长、支付保障机制，健全技术工人薪酬激励机制，促进企业内部分配进一步向一线职工、技术工人倾斜，助力实现共同富裕。加强新就业形态劳动者权益保障，完善协商协调机制，推动平台企业合法规范用工、科学调整算法、完善劳动定额标准，推进职业伤害保障试点工作。推动完善社会保险法规政策体系，促进多层次社会保障有序衔接，扩大覆盖面，提升保障水平。完善工会劳动保护监督机制，加强安全生产和职业健康工作，深化“安康杯”竞赛等群众性安全生产活动。

大力开展服务帮扶。加强工会服务工作的研究分析，在做好传统服务的基础上，适应时代要求和职工群众需求，全面运用数字化技术，推出更多更好更及时的服务职工群众项目。积极推进职工服务阵地建设，建好用好工人文化宫、职工书屋、工人疗休养院、服务中心等。以实施双 15 工程为牵引，加强和规范工会户外劳动者服务站点建设。巩固城市困难职工解困脱困成果，与提高职工生活品质有效衔接，推动改革发展成果更多惠及广大职工群众。推动农民工平等享受城镇基本公共服务，开展关爱农民工子女主题活动，推进职工健康服务。叫响做实工会送温暖、送清凉、金秋助学、职工医疗互助等工作品牌，加强职工公益基金组织建设。深入开展“暖边绿境”关爱职工专项行动。积极维护女职工合法权益，充分保障女职工特殊权益，促进男女平等和女职工全面发展。加强工会系统援藏援疆工作，做好工会定点帮扶助力乡村振兴工作。

加强企事业单位民主管理制度建设。把企事业单位民主管理作为发展全过程人民民主的重要形式，努力推动以职工代表大会为基本形式的企事业单位民主管理制度落地落实。推动国有企业加强民主管理，促进非公有制企业建立健全民主管理，保障职工群众主人翁地位，提高职工群众创造性和企业竞争力。

积极推动构建和谐劳动关系。充分发挥协调劳动关系三方机制作用，探索行业和谐劳动关系创建活动试点。推动政府与同级工会联席会议制度规范化常态化发展，健全工作机制，合理设置议题，增强实效性。抓好劳动关系发展态势监测，加强分析研判，及时采取相应对策措施。积极参与劳动争议多元化解，探索总结新时代劳动领域“枫桥经验”，推动劳动争议调解组织建设，推进“工会+法院+检察院+人社+司法”协作联动机制，健全劳动领域矛盾纠纷预防调处化解体系。联合开展新就业形态劳动者权益保障专项行动，推进新时代和谐劳动关系创建活动，培育选树1000个基层协调劳动关系公共服务样板站点。

（四）着眼统筹发展和安全，坚决维护劳动领域政治安全。

加强工会意识形态工作。落实意识形态工作责任制，加强阵地建设和管理，严把政治方向关、舆论导向关、价值取向关，牢牢掌握工会意识形态工作领导权。加强网络信息员队伍建设，开展“网聚职工正能量　争做中国好网民”主题活动，巩固壮大奋进新征程、建功新时代的主流思想舆论。

强化维护劳动领域政治安全体系和能力建设。加强组织领导，建立健全统一指挥、各方协同、纵横连通、实时高效的工作体系。建强用好部委协同机制，做实下沉地方联动机制。坚持日常和定期沟通协调机制，强化应急、处置管理。

有效防范化解劳动领域重大风险隐患。常态化开展职工队伍风险隐患专项排查化解工作。推进全国工会系统 12351 维权服务热线建设，努力提升维护劳动者合法权益和维护劳动领域政治安全能力。加强工会信访问题源头治理、风险预警和应对处置。深化工会社会组织工作，强化政治引领、示范带动、联系服务，及时有效解决职工群众切身利益问题。

（五）突出抓好基层基础工作，打通服务职工群众“最后一公里”。

实施大抓基层三年行动。针对基层缺经费、缺办公场所、缺工作人员等难题，统筹规划、多措并举，系统推进、分步落实，争取经过三年努力，基层直接服务职工群众的能力大幅提升。加强指导帮扶，推动不同区域、不同行业工会工作协调发展、平衡发展。

大力推进基层工会建设。全面推进互联网企业、平台企业建会扩面提质，督促其分支机构、加盟企业等建立基层工会组织。推进国有企业工会规范化建设，发挥国有企业工会示范带动作用，持续推进非公有制企业建会强会工作，加强工业园（区）、乡镇（街道）、村（社区）工会、区域性行业性工会联合会建设。

加强对基层的指导和帮扶。采取普遍轮训和专门培训相结合、线上线下相结合等方式，有计划分步骤对基层工会工作者进行培训，提高社会化工会工作者待遇。深入推进工会组织和工会会员实名制，精准服务基层。常态化开展各级工会机关干部赴基层蹲点工作，将蹲点与推动工会重点工作、难题调研、试点探索等结合起来，持续为基层工会注入动力活力。

（六）贯彻全面依法治国部署要求，大力推进工会工作法治化。

推动完善劳动法律法规体系。推动加大工会法实施力度，参与产业工人队伍建设立法工作，推动新就业形态劳动者等涉及职工维权服务和工会领域的法律法规制定。强化劳动领域法律法规执行，推动健全涉职工和工会工作的法律监督制度，建立健全与人大执法检查、行政执法等协作配合机制。壮大工会劳动法律监督员、劳动保护监督检查员、劳动争议调解员、兼职仲裁员等工会法律人才队伍。

加强工会法治宣传和法律服务。落实全国工会法治宣传教育五年规划，丰富法治宣传教育形式内容，推动企业管理者和职工群众增强法治观念，推动形成尊法学法守法用法风气。加快推进工会法律服务体系建设，叫响做实“尊法守法·携手筑梦”服务农民工公益法律服务行动。加强与司法行政部门沟通协作，发挥法律援助工作者作用，进一步加大职工法律援助工作力度。

（七）深化工会改革和建设，有效发挥党联系职工群众的桥梁纽带作用。

持续深化工会机关改革。进一步加强系统谋划、顶层设计，优化资源配置，深入查找在思想观念、体制机制、能力素质、作风建设等方面的问题，完善创新工作体系、工作内容和工作方式，充分发挥机关部门和干部的能动性、创造性，努力把各级工会组织都建设成为名副其实的职工之家，使所有工会干部都成为职工群众信赖的娘家人、贴心人。

健全完善工会组织体系。构建全总、产业工会、地方工会、基层工会之间高质高效的矩阵网络系统。加强领导、压实责任，确保必要资源，加快建立健全基层组织体系。广泛运用现代先进理念、先进工具和先进方式，大幅提高组织效能、个人能力。

健全完善资金资产管理体系。创新工会财务管理和监督检查机制，深化工会经费收缴管理改革，实施全面预算绩效管理，加强工会财务信息一体化建设。加强工会资产管理和监督检查，推进工会资产标准化规范化建设，确保工会资产安全完整、保值增值和有效利用。严格工会经费审查审计监督，推进工会常态化经审监督体系建设，推进审查审计全覆盖。完善对机关干部和直属单位的综合考核，强化上级工会在财务、资产、经审领域对下一级工会的监督检查。

全面加快工会系统数字化建设。创建直达亿万职工群众、集成工会全部服务内容的服务终端，让亿万职工群众享受“一键入会”、“一网全通”，以及高效、实时、精准的“一终端全维服务”。完善线上线下服务资源，加快创建线上工会、云上课堂、线上援助、数字展馆等一系列线上、云上产品和服务，强化线上线下融合，倍增服务能力和效果。

（八）加强工会和职工对外交流交往合作，讲好中国工人阶级故事。

健全与港澳台工会和劳动界交流合作机制。持续办好港澳工会“五一”代表团、港澳工会青年研讨营等品牌交流活动，推动发展壮大爱国爱港爱澳力量。强化粤港澳三地工会协调合作，开展爱国主义教育、国情国策宣讲，增强港澳职工爱国思想。深化两岸工会和职工交流交往，办好海峡职工论坛、台湾工会青年研讨营等活动，在更宽领域、更深层次拓展对台交流，团结台湾职工坚定反“独”促统。

积极开展工会双边多边国际交流。加强同各国工会组织、区域和国际工会组织的交流合作，厚植构建人类命运共同体理念，增进同各国工人阶级的友谊。参与全球劳工治理和工会南南合作，增强发展中国家工会在国际劳工事务中的代表性和发言权。做深做实做细“一带一路”职工人文交流、产业工人技能国际交流、共建国家工会干部汉语研修奖学金等工会品牌项目，推动海外中资企业维护职工合法权益。

（九）落实新时代全面从严治党要求，推动工会系统党的建设高质量发展。

落实全面从严治党政治责任。深入学习贯彻习近平总书记关于党的建设的重要思想，以党的政治建设为统领全面加强党的各项建设，深化政治机关建设和模范机关创建，大力开展对党忠诚教育。加强对“一把手”和领导班子的监督。扎实做好党组内部巡视工作，巩固深化中央巡视整改成果。

强化党组织政治功能和组织功能。加强工会系统党的组织体系建设，持续推进“四强”党支部建设，严格落实党内政治生活制度，用好批评和自我批评武器。加强对党员干部全方位管理和经常性监督，引导党员增强党员意识、发挥先锋模范作用。完善党建工作考核评价机制，全面促进党建工作提质增效。

加强工会干部队伍建设。巩固干部队伍教育整顿成果，落实新时代好干部标准，树立正确选人用人导向，健全完善兼、挂职工作机制，发挥工会院校培训主渠道作用，完善网络培训体系，提升工会干部能力素质，教育引导工会干部树牢正确政绩观，鼓足干事创业的精气神，打造忠诚干净担当的高素质专业化工会干部队伍。切实改进工作作风，深入基层、深入一线，密切联系职工群众，加强调查研究，掌握职工群众所思所想所盼，用心用情为基层和职工群众办实事、解难题。

坚持以严的基调强化正风肃纪反腐。严格贯彻执行中央八项规定及其实施细则精神，坚持纠“四风”、树新风，教育引导党员干部牢记“三个务必”，弘扬伟大建党精神。把纪律建设摆在更加突出位置，强化经常性纪律教育，开展常态化警示教育，强化制度建设和廉政文化建设。紧盯关键少数、重点领域和薄弱环节，加强廉洁风险排查和防控，坚持有腐必反、有案必查，一体推进不敢腐、不能腐、不想腐。

各位代表、同志们，新时代新征程召唤工人阶级谱写壮丽而崭新的篇章，赋予工会组织光荣而艰巨的使命。让我们更加紧密地团结在以习近平同志为核心的党中央周围，全面贯彻习近平新时代中国特色社会主义思想，踔厉奋发、埋头苦干，组织动员亿万职工群众为以中国式现代化全面推进强国建设、民族复兴伟业而团结奋斗！

在中华全国总工会第十八届执行委员会第一次全体会议上的讲话

（2023 年 10 月 12 日）

王东明

全总第十八届执委会已经产生，全总领导班子也已经选出，我谨代表新一届全总领导班子，对各位执委的信任和支持表示衷心的感谢，向各位同志当选新一届执委表示热烈祝贺！

党中央对中国工会第十八次全国代表大会高度重视。习近平总书记和中央政治局常委同志出席了大会开幕式。会后，习近平总书记还将同全总新一届领导班子成员集体谈话。我们将及时召开主席会、主席团会和全总党组、书记处会议等，认真传达学习贯彻习近平总书记重要讲话精神。蔡奇同志代表党中央在大会上所作的致词，充分肯定了我国工人阶级为推动党和国家事业发展作出的重要贡献，高度评价了工会工作取得的新进展新成效，对工人阶级寄予殷切期望，对进一步做好工会工作提出明确要求，党中央致词充分体现了以习近平同志为核心的党中央对工人阶级和工会工作的高度重视和亲切关怀，为新时代新征程工运事业和工会工作创新发展提供了有力指导。我们一定要认真学习领会，坚决贯彻落实，牢记党中央重托，把大会确定的目标任务扎扎实实地落实好，把工运事业和工会工作继续推向前进，努力向党中央、向广大职工群众交出一份合格答卷。

第一，要做到旗帜鲜明讲政治。工会是党领导的工人阶级群众组织，要始终坚持以党的旗帜为旗帜、以党的方向为方向、以党的意志为意志，自觉同习近平总书记重要指示批示精神对标对表，同党中央决策部署要求对标对表，进一步深刻领悟“两个确立”的决定性意义，增强“四个意识”、坚定“四个自信”、做到“两个维护”，始终在思想上政治上行动上同以习近平同志为核心的党中央保持高度一致。要坚持不懈用习近平新时代中国特色社会主义思想凝心铸魂，深入学习领会这一重要思想的科学体系、丰富内涵、精神实质、实践要求，牢牢把握贯穿其中的立场观点方法，从思想上筑牢对党忠诚的根基。

第二，要做到求真务实敢担当。党中央对做好工会工作提出明确要求，大会报告对未来5年工作作出全面部署。要把这些要求和部署落到实处，各位执委肩负着很重要的责任。要进一步增强责任感使命感紧迫感，把高标准履职尽责作为基本要求，以实实在在的工作业绩，回报党中央的重托和职工群众的期待。要紧紧围绕加强思想政治引领、组织动员职工建功立业、扎实做好维权服务、切实维护劳动领域政治安全、深化工会改革创新等重点任务，积极探索、努力工作，对那些职工反映强烈、影响工会作用发挥的突出问题，要深入剖析问题根源，敢于攻坚克难，敢于动真碰硬，抓住主要矛盾，千方百计推动解决。要狠抓工作落实，按照大会作出的部署，分解细化目标任务，建立工作落实的时间表和路线图，及时开展工作指导和督促检查，做到责任层层传导、工作层层推进，形成上下结合、分工合作，全员、全程抓落实的良好局面，确保各项工作取得新成效。

第三，要做到加强学习勤思考。当前，我国职工队伍和劳动关系发生一些新变化，比如，面对严峻复杂的外部环境，职工思想观念和利益诉求更加多元多样，职工队伍稳定面临新挑战；国内短期经济下行压力加大，部分职工出现收入降低、稳岗压力大等情况；部分新就业形态劳动者劳动关系认定难，劳动关系矛盾纠纷有增多趋势，等等。面对这些新情况新问题，只有不断加强学习思考，及时填补知识空白、补齐素质短板、强化能力弱项、提高工作本领，才能提出有效的应对之策。要全面深入学习习近平新时代中国特色社会主义思想、学习习近平总书记关于工人阶级和工会工作的重要论述，切实用重要思想、重要论述武装头脑、指导实践、推动工作；要深入学习贯彻党的二十大精神，找准工会工作的切入点、结合点、着力点，努力把党中央重大部署转化为工会的实际行动；要加强对国家法律法规的学习，特别是加强对相关劳动法律法规的学习，善于用好法律法规这个有力武器，更好地为职工群众维权服务；要加强工会业务学习，甘当小学生，既向书本文件学，也向实践学、向基层学、向职工群众学，努力成为工会工作的行家里手。

第四，要做到锤炼党性强作风。要自觉加强党性锻炼，提高党性修养，时刻绷紧党纪国法这根弦，用党章党规约束自己的一言一行，严守纪律规矩，筑牢拒腐防变的思想防线。要坚持人民至上，厚植职工情怀，始终坚持以职工为中心的工作导向，把为职工群众做了多少好事、办了多少实事作为检验工作成效的重要标准。要严格贯彻落实中央八项规定及其实施细则精神，力戒形式主义、官僚主义。要坚持理论联系实际，密切联系群众，经常深入基层、深入职工，加强调查研究，多与职工群众拉家常、聊生活、交朋友，真正掌握基层和职工群众的所思所想所盼，及时推动解决职工群众的急难愁盼问题，以实际行动当好职工群众信赖的娘家人、贴心人。

同志们，全总新一届执委会肩负着重大责任和使命。让我们更加紧密地团结在以习近平同志为核心的党中央周围，锐意进取、埋头苦干，团结动员亿万职工为全面建设社会主义现代化国家、全面推进中华民族伟大复兴不懈奋斗！

牢记殷殷嘱托　奋力谱写新时代新征程工会工作新篇章

王 东 明

在以习近平同志为核心的党中央高度重视和亲切关怀下，中国工会第十八次全国代表大会于2023年10月9日至12日在北京胜利召开，习近平总书记等党和国家领导人出席大会开幕式。10月23日，习近平总书记在中南海同中华全国总工会新一届领导班子成员集体谈话，高度评价党的十八大以来我国工人阶级在党和国家事业发展中作出的重大贡献，充分肯定新时代工运事业取得的历史性成就、工会工作实现的全方位进步，对做好新时代新征程党的工运事业和工会工作提出明确要求，对全国总工会新一届领导班子寄予殷切期望，充分体现了习近平总书记和党中央对工人阶级和广大劳动群众的关心关怀、对工运事业和工会工作的高度重视。总书记的重要讲话，高屋建瓴、立意深远，思想深邃、语重心长，为新时代新征程党的工运事业和工会工作发展指明了前进方向、提供了根本遵循。全国总工会和各级工会要把学习贯彻习近平总书记重要讲话精神作为当前和今后一个时期的重大政治任务，认真学习领会、坚决贯彻落实，团结带领亿万职工群众，继续开创新时代新征程工运事业和工会工作新局面，为以中国式现代化全面推进强国建设、民族复兴伟业而团结奋斗。

深入学习领会习近平总书记重要讲话的重大意义和核心要义

习近平总书记同中华全国总工会新一届领导班子成员集体谈话时的重要讲话，集中阐述了党中央关于工人阶级和工会工作的大政方针，深化了我们党对工运事业的规律性认识，具有很强的政治性、思想性、理论性、指导性，是做好新时代新征程工会工作的强大思想武器。

深刻把握坚持党对工会的全面领导的根本原则。习近平总书记指出，我国工运事业是在党的领导下发展起来的，工会是党领导的工人阶级群众组织；坚持党对工会的全面领导，任何时候、任何情况下都不能动摇、不能偏离；坚持党的领导必须全面地、有效地贯彻落实到工会工作全过程和各方面；要坚定维护党中央权威和集中统一领导，始终在思想上政治上行动上同党中央保持高度一致；要坚持不懈用新时代中国特色社会主义思想凝心铸魂，持续推动理论武装走深走实，不断增强学习践行党的创新理论的思想自觉和行动自觉；要牢记“国之大者”，找准工会工作与党的中心任务的结合点、切入点、着力点，推动党中央决策部署在工会系统落实落地；要加强思想政治引领，做好职工思想政治工作，教育引导广大职工坚定不移听党话、跟党走，确保工人阶级始终是我们党最坚实最可靠的阶级基础。总书记的重要讲话，深刻回答了工会为什么必须坚持党的全面领导、怎样坚持党对工会的全面领导这一根本性问题，为工会坚持党的全面领导提供了行动指南。

深刻把握工会组织在党和国家工作大局中的使命任务。习近平总书记指出，要把广大职工群众紧密团结在党的周围，为实现党的中心任务而团结奋斗；要围绕贯彻新发展理念、构建新发展格局、推动高质量发展，广泛深入开展各种形式的劳动和技能竞赛，激发广大职工的劳动热情、创造潜能，在各行各业各个领域充分发挥主力军作用；要大力弘扬劳模精神、劳动精神、工匠精神，发挥好劳模工匠示范引领作用，激励广大职工在辛勤劳动、诚实劳动、创造性劳动中成就梦想；要围绕深入实施科教兴国战略、人才强国战略、创新驱动发展战略，深化产业工人队伍建设改革，加快建设一支知识型、技能型、创新型产业工人大军，培养造就更多大国工匠和高技能人才；工会作为职工利益的代表者和维护者，要认真履行维权服务基本职责，着力解决关系职工群众切身利益的实际问题，重视维护新就业形态劳动者的合法权益。总书记的重要讲话，明确了新时代新征程工会工作的职责使命和重点任务，为找准工会工作与党的中心任务的结合点、切入点、着力点指明了方向。

深刻把握深化工会改革和建设的时代要求。习近平总书记指出，要继续深化工会改革和建设，牢固树立大抓基层的鲜明导向，夯实基层基础，激发基层活力，不断增强基层工会的引领力、组织力、服务力；要健全已有的组织基础，扩大工会组织覆盖面；要创新工作方式，努力为职工群众提供精准、贴心的服务；工会干部要践行党的群众路线，深入调查研究，及时了解职工所思所想所盼，不断增强服务职工本领，真心实意为职工说话办事；全国总工会要带头加强自身建设，当标杆、作表率，成为让党放心、让人民满意的模范政治机关。总书记的重要讲话，体现了改革永远在路上的时代要求，明确了今后一个时期深化工会改革和建设的重点任务，是工会组织永葆生机活力、当好桥梁纽带的强大动力。

努力推动习近平总书记重要讲话精神落地见效

新征程上，各级工会和广大工会干部要不断提高政治站位，切实把思想和行动统一到习近平总书记重要讲话精神上来，把总书记的关怀厚爱与殷切期望转化为实干担当、拼搏奋进的强大动力，锐意进取、扎实工作，团结动员亿万职工为实现党的中心任务不懈奋斗、建功立业。

坚持党对工会的全面领导，始终保持工会工作的正确政治方向。把坚持党的全面领导作为工会工作的最高政治原则和根本保证，深刻领悟“两个确立”的决定性意义，增强“四个意识”、坚定“四个自信”、做到“两个维护”，始终在思想上政治上行动上同以习近平同志为核心的党中央保持高度一致。全面学习贯彻习近平新时代中国特色社会主义思想，切实把学习成效转化为做好工会工作的实际行动。深入学习领会习近平总书记关于工人阶级和工会工作的重要论述，完整、准确、全面领会其丰富内涵、精神实质、实践要求。始终牢记“国之大者”，以党的旗帜为旗帜，以党的意志为意志，以党的使命为使命，自觉把工会工作放在党和国家工作大局中去思考、去谋划、去推进，推动党中央决策部署不折不扣在工会系统落实落地。进一步加强对职工群众的思想政治引领，丰富内容载体，创新方式方法，推动习近平新时代中国特色社会主义思想进企业、进车间、进班组，增强广大职工群众对党的创新理论的政治认同、思想认同、理论认同、情感认同，教育引导广大职工群众坚定不移听党话、矢志不渝跟党走，筑牢党长期执政的阶级基础、群众基础。

坚持全心全意依靠工人阶级的根本方针，凝聚亿万职工奋进新征程、建功新时代的磅礴伟力。牢记党的中心任务就是中国工人运动和工会工作的主题和方向，坚持全心全意依靠工人阶级的根本方针，充分调动广大职工群众的积极性、主动性、创造性，组织动员亿万职工立足岗位创新创造、发挥主力军作用，为强国建设、民族复兴贡献智慧和力量。聚焦高质量发展这个首要任务，围绕国家重大战略、重大工程、重大项目、重点产业，广泛深入持久开展各种形式的劳动和技能竞赛，开展技术革新、技术协作、发明创造、合理化建议、网上练兵等群众性创新创造活动，推动形成“建功新时代、比学赶帮超”的新风尚。大力弘扬劳模精神、劳动精神、工匠精神，做好劳模评选表彰和服务工作，加大“大国工匠”、“最美职工”选树宣传力度，深化劳模和工匠人才创新工作室建设，开展“劳模工匠进校园”、“劳模工匠助企行”等活动，更好发挥劳模工匠示范引领作用，激励广大职工依靠劳动创造扎实推进中国式现代化。深化产业工人队伍建设改革，履行工会牵头抓总职责，落实思想引领、建功立业、素质提升、地位提高、队伍壮大等各项措施，推动健全技能形成和职业发展体系，加快建设一支知识型、技能型、创新型产业工人大军，培养造就更多大国工匠和高技能人才，为强国建设、民族复兴提供有力人才和技能支撑。

用心用情做好维权服务工作，在扎实推进共同富裕中发挥工会组织作用。坚持以职工为中心的工作导向，认真履行维权服务基本职责，推动解决职工群众关心的劳动就业、技能培训、收入分配、社会保障、安全卫生等问题，努力实现好、维护好、发展好职工群众根本利益。突出做好新就业形态劳动者维权服务工作，完善协商协调机制，推动平台企业合法规范用工。巩固城市困难职工解困脱困成果，与提高职工生活品质有效衔接，推动改革发展成果更多惠及广大职工群众。扎实做好工会农民工服务工作，推动在城镇就业的农民工就业更稳定、权益保障更充分、享受公共服务更便捷。加强企事业单位民主管理，健全协调劳动关系三方机制，推动政府与同级工会联席会议制度规范化常态化，畅通职工诉求表达渠道，引导职工群众依法理性有序表达利益诉求、维护自身权益，积极推动构建和谐劳动关系。加快构建以精准帮扶和普惠性服务为重点的工会服务职工体系，叫响做实工会送温暖、送清凉、金秋助学、职工医疗互助等工作品牌，积极推进职工服务阵地建设，加强和规范工会户外劳动者服务站点建设，以实际行动把习近平总书记和党中央的关心关怀送到职工群众心坎上。

坚决维护劳动领域政治安全，维护企业和社会大局和谐稳定。贯彻总体国家安全观，坚持一手抓防范化解，一手抓引领构建，健全维护劳动领域政治安全的长效机制。常态化开展劳动关系领域风险隐患专项排查化解工作，举一反三、见微知著、抓早抓小，坚决防止小事拖大、大事拖炸。发挥 12351 职工维权服务热线作用，加强工会信访问题源头治理，努力提升维护职工合法权益和维护劳动领域政治安全能力。充分发挥部委协同、地方联动机制作用，做好监测预警、分析研判、应急处置等工作，积极协助党委、政府和有关方面把劳动关系领域矛盾纠纷解决在基层、化解在萌芽状态。严格落实意识形态工作责任制，管好用好工会各级各类宣传教育阵地，牢牢掌握劳动领域网络舆论斗争主动权，维护劳动领域意识形态安全。

持之以恒深化工会改革和建设，有效发挥党联系职工群众

的桥梁纽带作用。紧紧围绕保持和增强政治性、先进性、群众性这一主线，不断深化工会改革和建设，把工会组织建设得更加充满活力、更加坚强有力。健全已有的组织基础，持续推进新经济组织、新社会组织、新就业群体建会入会工作，加强工业园（区）、乡镇（街道）、村（社区）工会、区域性行业性工会联合会和非公有制企业工会建设，不断扩大工会组织覆盖面。牢固树立大抓基层的鲜明导向，把更多的资源和力量充实到基层，不断增强基层工会的引领力、组织力、服务力，打通服务职工群众"最后一公里"。强化数字化思维，全面加快工会系统数字化建设，推动工会工作网上网下融合发展，让职工群众能在网上找到工会组织、参加工会组织的活动、享受到工会组织的服务。改进工作作风，常态化开展各级工会机关干部赴基层蹲点工作，引导工会干部践行党的群众路线，深入基层一线、加强调查研究，及时了解职工所思所想所盼，不断增强服务职工本领，真心实意为职工说话办事，努力把各级工会组织都建设成为名副其实的职工之家，使所有工会干部都成为职工群众信赖的"娘家人"、贴心人。

不断将学习宣传贯彻习近平总书记重要讲话精神引向深入

学习宣传贯彻习近平总书记重要讲话精神，是工会系统的重大任务、长期任务。各级工会要进一步增强责任感使命感，把学习宣传贯彻习近平总书记重要讲话精神，与贯彻落实中国工会十八大部署结合起来，在广大工会干部和职工群众中兴起学习宣传贯彻热潮。

持续开展多种形式的学习培训和宣传宣讲。通过党组理论学习中心组学习、专题学习会、辅导报告会等多种形式强化学习，着力在深化内化转化上下功夫。充分发挥工会报刊、网站、院校、工人文化宫、职工书屋和新媒体等宣传阵地作用，组织开展演讲比赛、知识竞赛、主题展览、阅读交流等活动，进行全方位、多角度的宣传宣讲，推动习近平新时代中国特色社会主义思想和习近平总书记重要讲话精神往深里走、往实里走、往心里走。

不断深化对习近平总书记重要讲话精神的研究阐释。结合深入学习贯彻习近平总书记关于工人阶级和工会工作的重要论述，进一步加强涉及职工队伍和工会工作的全局性、趋势性、前瞻性问题研究，探索和把握新时代工运事业和工会工作特点规律，推出一批有分量的研究成果。加强与高校、科研机构等交流合作，形成一体规划、协同推进，资源互补、相互借鉴的工作合力。建立健全研究成果转化运用机制，努力把研究成果转化为推动工作的具体思路举措。

全面推动中国工会十八大部署要求落实落地。贯彻落实习近平总书记重要讲话和党中央致词精神，按照中国工会十八大作出的部署，分解细化目标任务，建立工作落实的时间表和路线图，筹划好当前和今后一个时期的工会工作。及时开展工作指导，做到责任层层传导、工作层层推进，形成上下结合、分工合作，全员、全程抓落实的良好局面，确保各项工作取得新成效，落实好中国工会十八大提出的各项目标任务。

新时代赋予工人阶级新使命，新征程召唤工会组织新作为。各级工会要紧密团结在以习近平同志为核心的党中央周围，全面学习贯彻习近平新时代中国特色社会主义思想和党的二十大精神，深入学习贯彻习近平总书记关于工人阶级和工会工作的重要论述，脚踏实地、埋头苦干，团结动员广大职工为强国建设、民族复兴不懈奋斗，奋力谱写新时代新征程工运事业和工会工作新篇章！

（《求是》2023 年第 21 期）

关于中华全国总工会第十七届执行委员会报告起草情况的说明

（2023年10月9日）

徐留平

各位代表，同志们：

我受中华全国总工会第十七届执行委员会的委托，向大会作关于中华全国总工会第十七届执行委员会报告（以下简称工会十八大报告）起草情况的说明。

一、关于报告起草的过程

以习近平同志为核心的党中央高度重视中国工会十八大，将其列入2023年中央政治局常委会工作要点，对筹备召开好大会提出明确要求。2023年1月11日，蔡奇同志主持召开二十届中央书记处第2次办公会议，听取工会等5家群团组织工作汇报，要求提早谋划有关筹备工作，确保换届大会圆满成功。王东明同志在全总十七届七次、八次执委会上提出明确要求，主持召开全总十七届十七次主席会议审议工会十八大报告初稿，并多次对报告初稿提出具体修改意见。全总党组、书记处把起草好工会十八大报告作为中国工会十八大筹备工作的重点任务，专门成立文件起草组。我们全面贯彻习近平新时代中国特色社会主义思想，认真学习领会党的二十大精神，深入学习贯彻习近平总书记关于工人阶级和工会工作的重要论述，按照坚持政治方向、体现时代特征、汇集各方智慧的要求，起草和修改报告。

3月至4月，先后赴7个省（区）开展调研，召开全国工会理论研究工作会议和3个座谈会，形成工会十八大报告提纲。5月中旬至6月中旬，先后赴9个省（区、市）开展调研，在京召开5个座谈会，征求31个省（区、市）总工会和新疆生产建设兵团总工会，各全国产业工会、全总机关各部门、有关直属单位的意见。6月中旬至7月初，先后征求了部分地方工会负责同志、部分全总老领导、全总各位负责同志包括兼职副主席的意见。6月中旬，形成了报告初稿。6月25日召开的全总党组第171次会议和7月4日召开的全总十七届十七次主席会议，分别审议了报告初稿。7月中旬至8月上旬，先后征求了中央和国家机关15个部门对报告初稿的意见。9月12日，中央书记处办公会议讨论审议了报告并作出指示。根据中央书记处指示意见修改完善报告后，9月18日，全总党组第182次会议研究修改了报告。9月20日至21日，全总十七届十八次主席团会议、九次执委会议对报告进行了讨论修改，原则通过了报告（审议稿），决定提交工会十八大审议。会后报中共中央办公厅审阅。根据中办意见，对工会十八大报告再次进行修改后，全总党组将报告上报中办审定，形成提交本次大会的报告。

二、关于报告主要框架和内容

报告由回顾总结、理论阐述、今后工作等3部分组成。全文1.1万字左右。

（一）第一部分回顾新时代我国工运事业的发展和过去五年的工作。

共8个方面，即全面学习贯彻习近平新时代中国特色社会主义思想，坚定拥护“两个确立”、坚决做到“两个维护”；大力加强思想政治引领，团结引导职工群众听党话、跟党走；团结动员广大职工积极建功新时代，充分发挥工人阶级主力军作用；深化产业工人队伍建设改革，努力建设高素质劳动大军；切实履行维权服务基本职责，促进提高职工生活品质；积极构建和谐劳动关系，切实防范化解劳动领域风险隐患；扎实推进改革创新，有效激发工会组织的生机活力；全面加强党的建设，努力建设模范机关。同时，指出了工会工作存在的问题和不足。

（二）第二部分提出要坚持用习近平新时代中国特色社会主义思想统领工会工作。

从8个方面对习近平总书记关于工人阶级和工会工作的重要论述的核心要义进行了概括提炼，即坚持党对工运事业和工会工作的领导，坚持全心全意依靠工人阶级的根本方针，牢牢把握为实现中华民族伟大复兴中国梦而奋斗的时代主题，加强对职工群众的思想政治引领，努力建设高素质劳动大军，大力弘扬劳模精神、劳动精神、工匠精神，切实实现好、维护好、发展好工人阶级和广大劳动群众合法权益，深入推进工会改革创新等，并对学习贯彻总书记重要思想、重要论述提出了明确要求。

（三）第三部分提出今后五年的主要工作。

总体要求是：坚持以习近平新时代中国特色社会主义思想为指导，全面贯彻党的二十大精神，深入贯彻习近平总书记关于工人阶级和工会工作的重要论述，紧紧围绕党和国家工作大局，忠诚党的事业、竭诚服务职工，改革创新、奋发进取，保持和增强政治性、先进性、群众性，持续提高引领力、组织力、服务力，充分发挥党联系职工群众的桥梁纽带作用，团结引导亿万职工群众坚定不移听党话、跟党走，为全面建设社会主义现代化国家、全面推进中华民族伟大复兴发挥主力军作用。围绕总体要求，提出了9个方面工作，分别是：坚持党的全面领导，引导职工群众更加紧密团结在党的周围；聚焦高质量发展这个首要任务，组织职工群众建功立业、创新创造；用心用情做好维权服务工作，实现好、维护好、发展好职工群众的根本利益；着眼统筹发展和安全，坚决维护劳动领域政治安全；突出抓好基层基础工作，打通服务职工群众“最后一公里”；贯彻全面依法治国部署要求，大力推进工会工作法治化；深化工会改革和建设，有效发挥党联系职工群众的桥梁纽带作用；加强工会和职工对外交流交往合作，讲好中国工人阶级故事；落实新时代全面从严治党要求，推动工会系统党的建设高质量发展。

中国工会
第十八次全国代表大会闭幕词

（2023年10月12日）

徐 留 平

各位代表，同志们：

现在我受第十八届中华全国总工会主席王东明同志委托，致大会闭幕词。

在以习近平同志为核心的党中央坚强领导和亲切关怀下，在与会全体代表的共同努力下，中国工会第十八次全国代表大会圆满完成了各项议程，即将胜利闭幕。这次大会，是在我国迈上全面建设社会主义现代化国家新征程、向第二个百年奋斗目标进军的关键时刻召开的一次十分重要的大会，意义重大而深远。大会以习近平新时代中国特色社会主义思想为指导，全面贯彻党的二十大精神，深入贯彻习近平总书记关于工人阶级和工会工作的重要论述，审议并通过了全总十七届执委会报告、《中国工会章程（修正案）》、财务工作报告、经审工作报告，选举产生了中华全国总工会新一届领导机构，是一次高举旗帜、凝心聚力，继往开来、团结奋进的大会。大会的胜利召开，必将激励全国亿万职工群众和工会工作者，以昂扬向上的精神风貌和实干担当的奋斗姿态，在全面建设社会主义现代化国家、全面推进中华民族伟大复兴的历史进程中谱写工运事业和工会工作的崭新篇章！

党中央高度重视这次大会。习近平总书记等党和国家领导人出席了大会开幕式，蔡奇书记代表党中央向大会作了致词。会后，习近平总书记还将与全总新一届领导班子成员集体谈话，并发表重要讲话。党中央高度评价党的十八大以来我国工人阶级为推动党和国家事业取得历史性成就作出的重要贡献，充分肯定各级工会为推动新时代党的工运事业和工会工作取得巨大进步发挥的重要作用，对新时代工人阶级和工会组织在以中国式现代化全面推进强国建设、民族复兴新征程上更好建功立业、创新创造，明确了新目标、提出了新要求，为新时代亿万职工群众和工会工作者指明了前进方向、增添了前进动力。

王东明主席代表全总十七届执委会在大会上作的报告，全面贯彻习近平新时代中国特色社会主义思想和党的二十大精神，系统总结了新时代我国工运事业的发展和过去五年的工作，深刻阐述了坚持用习近平新时代中国特色社会主义思想统领工会工作的规律、经验，明确指出新时代新征程党的工运事业和工会工作主题、方向，对今后五年的主要工作进行了部署安排。大会报告充分体现了党中央精神、反映了职工群众意愿、凝聚了工会智慧，是指导新时代新征程工会工作高质量发展的重要文件。

过去五年，在以习近平同志为核心的党中央坚强领导下，中华全国总工会第十七届执行委员会和各级工会围绕中心、服务大局，积极进取、主动作为，聚焦主责主业、持续改革创新，不断增强政治性、先进性、群众性，全力推动各项工作取得新进展新成效，奋力谱写了党的工运事业和工会工作新篇章。这些成绩的取得，根本在于有以习近平同志为核心的党中央的坚强领导，在于有习近平新时代中国特色社会主义思想的科学指引；有各级党委、政府和社会各界的鼎力支持帮助，有历届工会老领导、老同志的无私奉献，有全国亿万职工群众、工会工作者的耕耘奋斗。这次大会后，有些领导同志由于工作变动或年龄等原因，不再继续担任全总第十八届执行委员会委员和经费审查委员会委员，他们在任职期间尽心尽力、尽职尽责，勤勤恳恳、兢兢业业，为党的工运事业和工会工作倾注了大量甚至是毕生心血智慧、作出了不可磨灭的重要贡献。在这里，我谨以本次大会的名义，向中华全国总工会第十七届领导班子成员、执委会委员、经审会委员和各级工会工作者表示最诚挚的谢意！向全国总工会的老领导、老同志，向所有关心支持工会工作的各级党政领导和各界朋友致以最崇高的敬意！

这次大会选举产生了中华全国总工会新一届执行委员会，这是全体代表和全国亿万职工群众的信任和重托。在这里，我代表十八届执委会所有同志，对全体代表的信任和支持表示最衷心的感谢！我们将全力以赴、全心全意为党的事业和职工群众的利益服务，不辜负党中央和亿万职工群众的信任和期望！

各位代表，同志们！

中华全国总工会第十八届执行委员会任期五年。党的二十大吹响了奋进新征程的时代号角，党的中心任务就是中国工人运动和工会工作的主题和方向，是中华全国总工会第十八届执行委员会必须全力肩负起的使命和责任。

我们要始终坚持党的全面领导，保持工会工作的正确政治方向。要坚持用习近平新时代中国特色社会主义思想凝心铸魂，深入贯彻习近平总书记关于工人阶级和工会工作的重要论述，团结动员广大职工紧密团结在以习近平同志为核心的党中央周围，坚定不移听党话、跟党走，深刻领悟“两个确立”的决定性意义，增强“四个意识”、坚定“四个自信”、做到“两个维护”，在思想上政治上行动上同以习近平同志为核心的党中央保持高度一致。

我们要始终坚持服从服务于党和国家工作大局，充分发挥工人阶级主力军作用。要紧紧围绕高质量发展首要任务，聚焦国家重大战略、重大工程、重大项目、重点产业，全心全意依靠工人阶级，充分调动职工积极性主动性，团结组织职工群众建功立业、创新创造，大力弘扬劳模精神、劳动精神、工匠精神，在强国建设、民族复兴伟业中汇聚万众一心、众志成城的磅礴力量。

我们要始终坚持履行维权服务基本职责，不断增强职工群众获得感幸福感安全感。要牢固树立以职工为中心的工作导向，聚焦“维护职工合法权益、竭诚服务职工群众”主责主业，切实维护好、服务好亿万职工群众的劳动经济权益、民主政治权利和精神文化权益，大力推进产业工人队伍建设改革，着力解决好新就业形态劳动者、农民工、城市困难职工等重点群体的急难愁盼问题，真正让亿万职工群众深切感受到党的温暖、关怀和工会的维权、服务。持续推动构建和谐劳动关系，坚决维护好劳动领域政治安全。

我们要始终坚持深化工会改革和建设，有效发挥工会作为党联系职工群众的桥梁纽带作用。要始终突出政治性、先进性、群众性，持续深化工会机关改革，创新工作体系、工作内容和工作方式，加强基础和基层工会建设，加快工会数字化建设步伐，全面强化工会系统党的建设，大力提高工会干部的素质能力，不断增强工会组织吸引力、凝聚力和战斗力。

这次大会闭幕后，代表们将奔赴各自的工作岗位。希望各位代表和各级工会组织及时向同级党委汇报大会精神，迅速在广大职工群众和各级工会工作者中掀起学习宣传贯彻大会精神的热潮，特别是要传达好学习好宣传好贯彻好习近平总书记关于工人阶级和工会工作的重要论述、蔡奇书记代表党中央在工会十八大上的致词精神，传达落实好王东明主席在大会上的报告和在全总十八届一次执委会上的讲话要求。要把贯彻落实工会十八大精神与全面贯彻习近平新时代中国特色社会主义思想、党的二十大精神、习近平总书记关于工人阶级和工会工作的重要论述结合起来，与党和国家中心工作结合起来，与本地区、本产业、本部门、本单位、本岗位实际结合起来，把智慧和力量凝聚到实现这次大会确定的目标任务要求上来，勇于担当、奋发有为，努力开创新时代新征程党的工运事业和工会工作新局面。

各位代表、同志们，强国建设、民族复兴的宏伟目标令人鼓舞、催人奋进，工人阶级、工会组织的使命光荣、责任重大。让我们更加紧密地团结在以习近平同志为核心的党中央周围，全面学习贯彻习近平新时代中国特色社会主义思想，深入贯彻习近平总书记关于工人阶级和工会工作的重要论述，认真落实中国工会十八大精神，切实维护职工合法权益、竭诚服务职工群众，踔厉奋发、勇毅前行，团结动员亿万职工群众为全面建设社会主义现代化国家、全面推进中华民族伟大复兴团结奋斗！

中国工会章程

（中国工会第十八次全国代表大会部分修改，
2023年10月12日通过）

总　则

中国工会是中国共产党领导的职工自愿结合的工人阶级群众组织，是党联系职工群众的桥梁和纽带，是国家政权的重要社会支柱，是会员和职工利益的代表。

中国工会以宪法为根本活动准则，按照《中华人民共和国工会法》和本章程独立自主地开展工作，依法行使权利和履行义务。

工人阶级是我国的领导阶级，是先进生产力和生产关系的代表，是中国共产党最坚实最可靠的阶级基础，是改革开放和社会主义现代化建设的主力军，是维护社会安定的强大而集中的社会力量。中国工会高举中国特色社会主义伟大旗帜，坚持马克思列宁主义、毛泽东思想、邓小平理论、“三个代表”重要思想、科学发展观，全面贯彻习近平新时代中国特色社会主义思想，贯彻执行党的以经济建设为中心，坚持四项基本原则，坚持改革开放的基本路线，保持和增强政治性、先进性、群众性，坚定不移地走中国特色社会主义工会发展道路，推动党的全心全意依靠工人阶级的根本指导方针的贯彻落实，全面履行工会的社会职能，在维护全国人民总体利益的同时，更好地表达和维护职工的具体利益，团结和动员全国职工自力更生、艰苦创业，坚持和发展中国特色社会主义，为全面建成社会主义现代化强国、实现第二个百年奋斗目标，以中国式现代化全面推进中华民族伟大复兴而奋斗。

中国工会坚持自觉接受中国共产党的领导，承担团结引导职工群众听党话、跟党走的政治责任，巩固和扩大党执政的阶级基础和群众基础。

中国工会的基本职责是维护职工合法权益、竭诚服务职工群众。

中国工会按照中国特色社会主义事业“五位一体”总体布局和“四个全面”战略布局，贯彻创新、协调、绿色、开放、共享的新发展理念，把握为实现中华民族伟大复兴的中国梦而奋斗的工人运动时代主题，弘扬劳模精神、劳动精神、工匠精神，动员和组织职工积极参加建设和改革，努力促进经济、政治、文化、社会和生态文明建设；发展全过程人民民主，代表和组织职工参与管理国家事务、管理经济和文化事业、管理社会事务，参与企业、事业单位、机关、社会组织的民主管理；教育职工践行社会主义核心价值观，不断提高思想道德素质、科学文化素质和技术技能素质，建设有理想、有道德、有文化、有纪律的职工队伍，不断发展工人阶级先进性。

中国工会以忠诚党的事业、竭诚服务职工为己任，坚持组织起来、切实维权的工作方针，坚持以职工为本、主动依法科学维权的维权观，促进完善社会主义劳动法律，维护职工的经济、政治、文化和社会权利，参与协调劳动关系和社会利益关系，推动构建和谐劳动关系，促进经济高质量发展和社会的长期稳定，维护工人阶级和工会组织的团结统一，为构建社会主义和谐社会作贡献。

中国工会维护工人阶级领导的、以工农联盟为基础的人民民主专政的社会主义国家政权，协助人民政府开展工作，依法发挥民主参与和社会监督作用。

中国工会推动产业工人队伍建设改革，强化产业工人思想政治引领，提高产业工人队伍整体素质，发挥产业工人骨干作用，维护产业工人合法权益，保障产业工人主人翁地位，造就一支有理想守信念、懂技术会创新、敢担当讲奉献的宏大产业工人队伍。

中国工会在企业、事业单位、社会组织中，按照促进企事业和社会组织发展、维护职工权益的原则，支持行政依法行使管理权力，组织职工参与本单位民主选举、民主协商、民主决策、民主管理和民主监督，与行政方面建立协商制度，保障职工的合法权益，调动职工的积极性，促进企业、事业单位、社会组织的发展。

中国工会实行产业和地方相结合的组织领导原则，坚持民主集中制。

中国工会坚持以改革创新精神加强自身建设，健全联系广泛、服务职工的工作体系，增强团结教育、维护权益、服务职工的功能，坚持群众化、民主化，保持同会员群众的密切联系，依靠会员群众开展工会工作。各级工会领导机关坚持把工作重点放到基层，着力扩大覆盖面、增强代表性，着力强化服务意识、提高维权能力，着力加强队伍建设、提升保障水平，坚持服务职工群众的工作生命线，全心全意为基层、为职工服务，构建智慧工会，增强基层工会的吸引力凝聚力战斗力，把工会组织建设得更加充满活力、更加坚强有力，成为深受职工群众信赖的学习型、服务型、创新型“职工之家”。

工会兴办的企业、事业单位，坚持公益性、服务性，坚持为改革开放和发展社会生产力服务，为职工群众服务，为推进工运事业服务。

中国工会努力巩固和发展工农联盟，坚持最广泛的爱国统一战线，加强包括香港特别行政区同胞、澳门特别行政区同胞、台湾同胞和海外侨胞在内的全国各族人民的大团结，促进祖国的统一、繁荣和富强。

中国工会在国际事务中坚持独立自主、互相尊重、求同存异、加强合作、增进友谊的方针，在独立、平等、互相尊重、互不干涉内部事务的原则基础上，广泛建立和发展同国际和各国工会组织的友好关系，积极参与“一带一路”建设，增进我国工人阶级同各国工人阶级的友谊，同全世界工人和工会一起，在推动构建人类命运共同体中发挥作用，为世界的和平、发展、合作、工人权益和社会进步而共同努力。

中国工会深入学习贯彻习近平总书记关于党的建设的重要思想，落实新时代党的建设总要求，贯彻全面从严治党战略方针，以党的政治建设为统领，加强党的建设，深刻领悟“两个确立”的决定性意义，增强“四个意识”、坚定“四个自信”、做到“两个维护”，在思想上政治上行动上同以习近平同志为核心的党中央保持高度一致。

第一章 会 员

第一条 凡在中国境内的企业、事业单位、机关、社会组织中，以工资收入为主要生活来源或者与用人单位建立劳动关系的劳动者，不分民族、种族、性别、职业、宗教信仰、教育程度，承认工会章程，都可以加入工会为会员。

工会适应企业组织形式、职工队伍结构、劳动关系、就业形态等方面的发展变化，依法维护劳动者参加和组织工会的权利。

第二条 职工加入工会，由本人自愿申请，经基层工会委员会批准并发给会员证。

第三条 会员享有以下权利：

（一）选举权、被选举权和表决权。

（二）对工会工作进行监督，提出意见和建议，要求撤换或者罢免不称职的工会工作人员。

（三）对国家和社会生活问题及本单位工作提出批评与建议，要求工会组织向有关方面如实反映。

（四）在合法权益受到侵犯时，要求工会给予保护。

（五）工会提供的文化、教育、体育、旅游、疗休养、互助保障、生活救助、法律服务、就业服务等优惠待遇；工会给予的各种奖励。

（六）在工会会议和工会媒体上，参加关于工会工作和职工关心问题的讨论。

第四条 会员履行下列义务：

（一）认真学习贯彻习近平新时代中国特色社会主义思想，学习政治、经济、文化、法律、科技和工会基本知识等。

（二）积极参加民主管理，努力完成生产和工作任务，立足本职岗位建功立业。

（三）遵守宪法和法律，践行社会主义核心价值观，弘扬中华民族传统美德，恪守社会公德、职业道德、家庭美德、个人品德，遵守劳动纪律。

（四）正确处理国家、集体、个人三者利益关系，向危害国家、社会利益的行为作斗争。

（五）维护中国工人阶级和工会组织的团结统一，发扬阶级友爱，搞好互助互济。

（六）遵守工会章程，执行工会决议，参加工会活动，按月交纳会费。

第五条　会员组织关系随劳动（工作）关系变动，凭会员证明接转。

第六条　会员有退会自由。会员退会由本人向工会小组提出，由基层工会委员会宣布其退会并收回会员证。

会员没有正当理由连续六个月不交纳会费、不参加工会组织生活，经教育拒不改正，应当视为自动退会。

第七条　对不执行工会决议、违反工会章程的会员，给予批评教育。对严重违法犯罪并受到刑事处罚的会员，开除会籍。开除会员会籍，须经工会小组讨论，提出意见，由基层工会委员会决定，报上一级工会备案。

第八条　会员离休、退休和失业，可保留会籍。保留会籍期间免交会费。

工会组织要关心离休、退休和失业会员的生活，积极向有关方面反映他们的愿望和要求。

第二章　组织制度

第九条　中国工会实行民主集中制，主要内容是：

（一）个人服从组织，少数服从多数，下级组织服从上级组织。

（二）工会的各级领导机关，除它们派出的代表机关外，都由民主选举产生。

（三）工会的最高领导机关，是工会的全国代表大会和它所产生的中华全国总工会执行委员会。工会的地方各级领导机关，是工会的地方各级代表大会和它所产生的总工会委员会。

（四）工会各级委员会，向同级会员大会或者会员代表大会负责并报告工作，接受会员监督。会员大会和会员代表大会有权撤换或者罢免其所选举的代表和工会委员会组成人员。

（五）工会各级委员会，实行集体领导和分工负责相结合的制度。凡属重大问题由委员会民主讨论，作出决定，委员会成员根据集体的决定和分工，履行自己的职责。

（六）工会各级领导机关，加强对下级组织的领导和服务，经常向下级组织通报情况，听取下级组织和会员的意见，研究和解决他们提出的问题。下级组织应及时向上级组织请示报告工作。

第十条　工会各级代表大会的代表和委员会的产生，要充分体现选举人的意志。候选人名单，要反复酝酿，充分讨论。选举采用无记名投票方式，可以直接采用候选人数多于应选人数的差额选举办法进行正式选举，也可以先采用差额选举办法进行预选，产生候选人名单，然后进行正式选举。任何组织和个人，不得以任何方式强迫选举人选举或不选举某个人。

第十一条　中国工会实行产业和地方相结合的组织领导原则。同一企业、事业单位、机关、社会组织中的会员，组织在一个基层工会组织中；同一行业或者性质相近的几个行业，根据需要建立全国的或者地方的产业工会组织。除少数行政管理体制实行垂直管理的产业，其产业工会实行产业工会和地方工会双重领导，以产业工会领导为主外，其他产业工会均实行以地方工会领导为主，同时接受上级产业工会领导的体制。各产业工会的领导体制，由中华全国总工会确定。

省、自治区、直辖市，设区的市和自治州，县（旗）、自治县、不设区的市建立地方总工会。地方总工会是当地地方工会组织和产业工会地方组织的领导机关。全国建立统一的中华全国总工会。中华全国总工会是各级地方总工会和各产业工会全国组织的领导机关。

中华全国总工会执行委员会委员和产业工会全国委员会委员实行替补制，各级地方总工会委员会委员和地方产业工会委员会委员，也可以实行替补制。

第十二条　县和县以上各级地方总工会委员会，根据工作需要可以派出代表机关。

县和县以上各级工会委员会，在两次代表大会之间，认为有必要时，可以召集代表会议，讨论和决定需要及时解决的重大问题。代表会议代表的名额和产生办法，由召集代表会议的总工会决定。

全国产业工会、各级地方产业工会、乡镇工会、城市街道工会和区域性、行业性工会联合会的委员会，可以按照联合制、代表制原则，由下一级工会组织民主选举的主要负责人和适当比例的有关方面代表组成。

上级工会可以派员帮助和指导用人单位的职工组建工会。

第十三条　各级工会代表大会选举产生同级经费审查委员会。中华全国总工会经费审查委员会设常务委员会，省、自治区、直辖市总工会经费审查委员会和独立管理经费的全国产业工会经费审查委员会，应当设常务委员会。经费审查委员会负责审查同级工会组织及其直属企业、事业单位的经费收支和资产管理情况，监督财经法纪的贯彻执行和工会经费的使用，并接受上级工会经费审查委员会的指导和监督。工会经费审查委员会向同级会员大会或会员代表大会负责并报告工作；在大会闭会期间，向同级工会委员会负责并报告工作。

上级经费审查委员会应当对下一级工会及其直属企业、事业单位的经费收支和资产管理情况进行审查。

中华全国总工会经费审查委员会委员实行替补制，各级地方总工会经费审查委员会委员和独立管理经费的产业工会经费审查委员会委员，也可以实行替补制。

第十四条 各级工会建立女职工委员会，表达和维护女职工的合法权益。女职工委员会由同级工会委员会提名，在充分协商的基础上组成或者选举产生，女职工委员会与工会委员会同时建立，在同级工会委员会领导下开展工作。企业工会女职工委员会是县或者县以上妇联的团体会员，通过县以上地方工会接受妇联的业务指导。

第十五条 县和县以上各级工会组织应当建立法律服务机构，为保护职工和工会组织的合法权益提供服务。

各级工会组织应当组织和代表职工开展劳动法律监督。

第十六条 成立或者撤销工会组织，必须经会员大会或者会员代表大会通过，并报上一级工会批准。基层工会组织所在的企业终止，或者所在的事业单位、机关、社会组织被撤销，该工会组织相应撤销，并报上级工会备案。其他组织和个人不得随意撤销工会组织，也不得把工会组织的机构撤销、合并或者归属其他工作部门。

第三章　全国组织

第十七条　中国工会全国代表大会，每五年举行一次，由中华全国总工会执行委员会召集。在特殊情况下，由中华全国总工会执行委员会主席团提议，经执行委员会全体会议通过，可以提前或者延期举行。代表名额和代表选举办法由中华全国总工会决定。

第十八条　中国工会全国代表大会的职权是：

（一）审议和批准中华全国总工会执行委员会的工作报告。

（二）审议和批准中华全国总工会执行委员会的经费收支情况报告和经费审查委员会的工作报告。

（三）修改中国工会章程。

（四）选举中华全国总工会执行委员会和经费审查委员会。

第十九条　中华全国总工会执行委员会，在全国代表大会闭会期间，负责贯彻执行全国代表大会的决议，领导全国工会工作。

执行委员会全体会议选举主席一人、副主席若干人、主席团委员若干人，组成主席团。

执行委员会全体会议由主席团召集，每年至少举行一次。

第二十条　中华全国总工会执行委员会全体会议闭会期间，由主席团行使执行委员会的职权。主席团全体会议，由主席召集。

主席团闭会期间，由主席、副主席组成的主席会议行使主席团职权。主席会议由中华全国总工会主席召集并主持。

主席团下设书记处，由主席团在主席团成员中推选第一书记一人，书记若干人组成。书记处在主席团领导下，主持中华全国总工会的日常工作。

第二十一条 产业工会全国组织的设置，由中华全国总工会根据需要确定。

产业工会全国委员会的建立，经中华全国总工会批准，可以按照联合制、代表制原则组成，也可以由产业工会全国代表大会选举产生。全国委员会每届任期五年。任期届满，应当如期召开会议，进行换届选举。在特殊情况下，经中华全国总工会批准，可以提前或者延期举行。

产业工会全国代表大会和按照联合制、代表制原则组成的产业工会全国委员会全体会议的职权是：审议和批准产业工会全国委员会的工作报告；选举产业工会全国委员会或者产业工会全国委员会常务委员会。独立管理经费的产业工会，选举经费审查委员会，并向产业工会全国代表大会或者委员会全体会议报告工作。产业工会全国委员会常务委员会由主席一人、副主席若干人、常务委员若干人组成。

第四章 地方组织

第二十二条 省、自治区、直辖市，设区的市和自治州，县（旗）、自治县、不设区的市的工会代表大会，由同级总工会委员会召集，每五年举行一次。在特殊情况下，由同级总工会委员会提议，经上一级工会批准，可以提前或者延期举行。工会的地方各级代表大会的职权是：

（一）审议和批准同级总工会委员会的工作报告。

（二）审议和批准同级总工会委员会的经费收支情况报告和经费审查委员会的工作报告。

（三）选举同级总工会委员会和经费审查委员会。

各级地方总工会委员会，在代表大会闭会期间，执行上级工会的决定和同级工会代表大会的决议，领导本地区的工会工作，定期向上级总工会委员会报告工作。

根据工作需要，省、自治区总工会可在地区设派出代表机关。直辖市和设区的市总工会在区一级建立总工会。

县和城市的区可在乡镇和街道建立乡镇工会和街道工会组织，具备条件的，建立总工会。

第二十三条　各级地方总工会委员会选举主席一人、副主席若干人、常务委员若干人，组成常务委员会。工会委员会、常务委员会和主席、副主席以及经费审查委员会的选举结果，报上一级总工会批准。

各级地方总工会委员会全体会议，每年至少举行一次，由常务委员会召集。各级地方总工会常务委员会，在委员会全体会议闭会期间，行使委员会的职权。

第二十四条　各级地方产业工会组织的设置，由同级地方总工会根据本地区的实际情况确定。

第五章　基层组织

第二十五条　企业、事业单位、机关、社会组织等基层单位，应当依法建立工会组织。社区和行政村可以建立工会组织。从实际出发，建立区域性、行业性工会联合会，推进新经济组织、新社会组织工会组织建设。

有会员二十五人以上的，应当成立基层工会委员会；不足二十五人的，可以单独建立基层工会委员会，也可以由两个以上单位的会员联合建立基层工会委员会，也可以选举组织员或者工会主席一人，主持基层工会工作。基层工会委员会有女会员十人以上的建立女职工委员会，不足十人的设女职工委员。

职工二百人以上企业、事业单位、社会组织的工会设专职工会主席。工会专职工作人员的人数由工会与企业、事业单位、社会组织协商确定。

基层工会组织具备民法典规定的法人条件的，依法取得社会团体法人资格，工会主席为法定代表人。

第二十六条 基层工会会员大会或者会员代表大会，每年至少召开一次。经基层工会委员会或者三分之一以上的工会会员提议，可以临时召开会员大会或者会员代表大会。工会会员在一百人以下的基层工会应当召开会员大会。

工会会员大会或者会员代表大会的职权是：

（一）审议和批准基层工会委员会的工作报告。

（二）审议和批准基层工会委员会的经费收支情况报告和经费审查委员会的工作报告。

（三）选举基层工会委员会和经费审查委员会。

（四）撤换或者罢免其所选举的代表或者工会委员会组成人员。

（五）讨论决定工会工作的重大问题。

基层工会委员会和经费审查委员会每届任期三年或者五年，具体任期由会员大会或者会员代表大会决定。任期届满，应当如期召开会议，进行换届选举。在特殊情况下，经上一级工会批准，可以提前或者延期举行。

会员代表大会的代表实行常任制，任期与本单位工会委员会相同。

第二十七条　基层工会委员会的委员，应当在会员或者会员代表充分酝酿协商的基础上选举产生；主席、副主席，可以由会员大会或者会员代表大会直接选举产生，也可以由基层工会委员会选举产生。大型企业、事业单位的工会委员会，根据工作需要，经上级工会委员会批准，可以设立常务委员会。基层工会委员会、常务委员会和主席、副主席以及经费审查委员会的选举结果，报上一级工会批准。

第二十八条　基层工会委员会的基本任务是：

（一）执行会员大会或者会员代表大会的决议和上级工会的决定，主持基层工会的日常工作。

（二）代表和组织职工依照法律规定，通过职工代表大会、厂务公开和其他形式，参与本单位民主选举、民主协商、民主决策、民主管理和民主监督，保障职工知情权、参与权、表达权和监督权，在公司制企业落实职工董事、职工监事制度。企业、事业单位工会委员会是职工代表大会工作机构，负责职工代表大会的日常工作，检查、督促职工代表大会决议的执行。

（三）参与协调劳动关系和调解劳动争议，与企业、事业单位、社会组织行政方面建立协商制度，协商解决涉及职工切身利益问题。帮助和指导职工与企业、事业单位、社会组织行政方面签订和履行劳动合同，代表职工与企业、事业单位、社会组织行政方面签订集体合同或者其他专项协议，并监督执行。

（四）组织职工开展劳动和技能竞赛、合理化建议、技能培训、技术革新和技术协作等活动，培育工匠、高技能人才，总结推广先进经验。做好劳动模范和先进生产（工作）者的评选、表彰、培养和管理服务工作。

（五）加强对职工的政治引领和思想教育，开展法治宣传教育，重视人文关怀和心理疏导，鼓励支持职工学习文化科学技术和管理知识，开展健康的文化体育活动。推进企业文化职工文化建设，办好工会文化、教育、体育事业。

（六）监督有关法律、法规的贯彻执行。协助和督促行政方面做好工资、安全生产、职业病防治和社会保险等方面的工作，推动落实职工福利待遇。办好职工集体福利事业，改善职工生活，对困难职工开展帮扶。依法参与生产安全事故和职业病危害事故的调查处理。

（七）维护女职工的特殊权益，同歧视、虐待、摧残、迫害女职工的现象作斗争。

（八）搞好工会组织建设，健全民主制度和民主生活。建立和发展工会积极分子队伍。做好会员的发展、接收、教育和会籍管理工作。加强职工之家建设。

（九）收好、管好、用好工会经费，管理好工会资产和工会的企业、事业。

第二十九条 教育、科研、文化、卫生、体育等事业单位和机关工会，从脑力劳动者比较集中的特点出发开展工作，积极了解和关心职工的思想、工作和生活，推动党的知识分子政策的贯彻落实。组织职工搞好本单位的民主选举、民主协商、民主决策、民主管理和民主监督，为发挥职工的聪明才智创造良好的条件。

第三十条 基层工会委员会根据工作需要，可以在分厂、车间（科室）建立分厂、车间（科室）工会委员会。分厂、车间（科室）工会委员会由分厂、车间（科室）会员大会或者会员代表大会选举产生，任期和基层工会委员会相同。

基层工会委员会和分厂、车间（科室）工会委员会，可以根据需要设若干专门委员会或者专门小组。

按照生产（行政）班组建立工会小组，民主选举工会小组长，积极开展工会小组活动。

第六章　工会干部

第三十一条　各级工会组织按照革命化、年轻化、知识化、专业化的要求，落实新时代好干部标准，努力建设一支坚持党的基本路线，熟悉本职业务，热爱工会工作，受到职工信赖的干部队伍。

第三十二条　工会干部要努力做到：

（一）认真学习马克思列宁主义、毛泽东思想、邓小平理论、“三个代表”重要思想、科学发展观、习近平新时代中国特色社会主义思想，学习党的基本知识和党的历史，学习政治、经济、历史、文化、法律、科技和工会业务等知识，提高政治能力、思维能力、实践能力，增强推动高质量发展本领、服务群众本领、防范化解风险本领。

（二）执行党的基本路线和各项方针政策，遵守国家法律、法规，在改革开放和社会主义现代化建设中勇于开拓创新。

（三）信念坚定，忠于职守，勤奋工作，敢于担当，廉洁奉公，顾全大局，维护团结。

（四）坚持实事求是，认真调查研究，如实反映职工的意见、愿望和要求。

（五）坚持原则，不谋私利，热心为职工说话办事，依法维护职工的合法权益。

（六）作风民主，联系群众，增强群众意识和群众感情，自觉接受职工群众的批评和监督。

第三十三条 各级工会组织根据有关规定管理工会干部，重视发现培养和选拔优秀年轻干部、女干部、少数民族干部，成为培养干部的重要基地。

基层工会主席、副主席任期未满不得随意调动其工作。因工作需要调动时，应事先征得本级工会委员会和上一级工会同意。

县和县以上工会可以为基层工会选派、聘用社会化工会工作者等工作人员。

第三十四条 各级工会组织建立与健全干部培训制度。办好工会干部院校和各种培训班。

第三十五条 各级工会组织关心工会干部的思想、学习和生活，督促落实相应的待遇，支持他们的工作，坚决同打击报复工会干部的行为作斗争。

县和县以上工会设立工会干部权益保障金，保障工会干部依法履行职责。

第七章 工会经费和资产

第三十六条 工会经费的来源：

（一）会员交纳的会费。

（二）企业、事业单位、机关、社会组织按全部职工工资总额的百分之二向工会拨缴的经费或者建会筹备金。

（三）工会所属的企业、事业单位上缴的收入。

（四）人民政府和企业、事业单位、机关、社会组织的补助。

（五）其他收入。

第三十七条　工会经费主要用于为职工服务和开展工会活动。各级工会组织应坚持正确使用方向，加强预算管理，优化支出结构，开展监督检查。

第三十八条　县和县以上各级工会应当与税务、财政等有关部门合作，依照规定做好工会经费收缴和应当由财政负担的工会经费拨缴工作。

未成立工会的企业、事业单位、机关、社会组织，按工资总额的百分之二向上级工会拨缴工会建会筹备金。

具备社会团体法人资格的工会应当依法设立独立经费账户。

第三十九条　工会资产是社会团体资产，中华全国总工会对各级工会的资产拥有终极所有权。各级工会依法依规加强对工会资产的监督、管理，保护工会资产不受损害，促进工会资产保值增值。根据经费独立原则，建立预算、决算、资产监管和经费审查监督制度。实行“统一领导、分级管理”的财务体制、“统一所有、分级监管、单位使用”的资产监管体制和“统一领导、分级管理、分级负责、下审一级”的经费审查监督体制。工会经费、资产的管理和使用办法以及工会经费审查监督制度，由中华全国总工会制定。

第四十条　各级工会委员会按照规定编制和审批预算、决算，定期向会员大会或者会员代表大会和上一级工会委员会报告经费收支和资产管理情况，接受上级和同级工会经费审查委员会审查监督。

第四十一条　工会经费、资产和国家及企业、事业单位等拨给工会的不动产和拨付资金形成的资产受法律保护，任何单位和个人不得侵占、挪用和任意调拨；不经批准，不得改变工会所属企业、事业单位的隶属关系和产权关系。

工会组织合并，其经费资产归合并后的工会所有；工会组织撤销或者解散，其经费资产由上级工会处置。

第八章　会　徽

第四十二条　中国工会会徽，选用汉字“中”、“工”两字，经艺术造型呈圆形重叠组成，并在两字外加一圆线，象征中国工会和中国工人阶级的团结统一。会徽的制作标准，由中华全国总工会规定。

第四十三条　中国工会会徽，可在工会办公地点、活动场所、会议会场悬挂，可作为纪念品、办公用品上的工会标志，也可以作为徽章佩戴。

第九章　附　则

第四十四条　本章程解释权属于中华全国总工会。

关于《中国工会章程(修正案)》的说明

(2023 年 10 月 9 日)

朱 建 平

各位代表，同志们：

修改《中国工会章程》是工会十八大的一项重要任务。在全国人大常委会副委员长、中华全国总工会主席王东明领导下，全总经过深入调查研究、专题研讨论证、广泛征求意见、反复修改，形成了《中国工会章程（修正案）》。现将有关情况说明如下。

一、修改工会章程的基本考虑

工会章程是工会的规章性文件，是处理工会内部事务的基本准则。现行工会章程是 1983 年工会十大通过的。四十年来，工会章程内容保持基本稳定，并在工会十一大至十七大期间都对工会章程作出过适当修改。

过去五年，在以习近平同志为核心的党中央坚强领导下，在习近平新时代中国特色社会主义思想指引下，各级工会深入学习贯彻习近平总书记关于工人阶级和工会工作的重要论述，加强职工思想政治引领，深化产业工人队伍建设改革，广泛开展劳动和技能竞赛，认真履行维权服务基本职责，切实维护劳动领域政治安全，不断深化自身改革和建设，各项工作取得了新进展、新成效。站在新的历史起点上，与时俱进对工会章程进行适当修改，有利于更好发挥工会章程的规范和指导作用。

这次工会章程修改遵循的基本原则是：坚持正确政治方向，以习近平新时代中国特色社会主义思想为指导，全面贯彻党的二十大精神，深入贯彻习近平总书记关于工人阶级和工会工作的重要论述；坚持依法依规，以宪法和新修改的工会法及相关法律法规为依据，贯彻依法治会理念，体现严肃性和权威性；坚持守正创新，认真总结新时代党领导工运事业的成功经验，面对新时代新要求积极开拓创新；坚持积极稳妥，只作适当修改，可改可不改的不改，保持章程总体稳定。

这次工会章程修改工作，广泛征求、充分采纳了各级工会干部和广大职工群众提出的修改意见和建议。有些意见和建议虽然没有采纳，但主要精神已经体现在工会十八大报告中；有些意见和建议还需要在实践中进一步检验和探索；有些具体意见和建议，可以在工会其他规章制度文件中体现。

二、总则部分修改的主要内容

（一）将“两个确立”写入工会章程。

确立习近平同志党中央的核心、全党的核心地位，确立习近平新时代中国特色社会主义思想的指导地位，是党在新时代取得的重大政治成果，反映了包括广大职工群众在内的全党全军全国各族人民共同心愿，对新时代党和国家事业发展、对推进中华民族伟大复兴历史进程具有决定性意义。工会章程修正案在总则中增写“深刻领悟‘两个确立’的决定性意义”。作出这一重大修改，有利于推动各级工会坚定不移用习近平新时代中国特色社会主义思想统一思想、统一意志、统一行动，始终在政治立场、政治方向、政治原则、政治道路上同以习近平同志为核心的党中央保持高度一致。

（二）把为实现新时代新征程党的中心任务而奋斗写入工会章程。

党的二十大把握党和国家事业发展新要求、人民群众新期待，明确提出新时代新征程中国共产党的中心任务，发出了为全面建设社会主义现代化国家、以中国式现代化全面推进中华民族伟大复兴而团结奋斗的动员令。把团结动员广大职工为实现新时代新征程党的中心任务而奋斗写入工会章程，有利于推动各级工会围绕中心、服务大局，牢牢把握我国工人运动时代主题，以党的旗帜为旗帜、以党的意志为意志、以党的使命为使命，组织动员广大职工在奋进新征程、建功新时代中更好发挥主力军作用，为全面建设社会主义现代化国家贡献智慧和力量。

（三）把发展全过程人民民主的要求写入工会章程。

全过程人民民主是社会主义民主政治的本质属性，是最广泛、最真实、最管用的民主。工会法规定工会组织职工参与管理国家事务、管理经济和文化事业、管理社会事务，参与本单位的民主选举、民主协商、民主决策、民主管理和民主监督。依据工会法，章程对工会参与民主管理的范围和内容进行了扩展，这样有利于推动各级工会更好履行参与职能，依法保障职工知情权、参与权、表达权、监督权，组织和教育职工依照宪法和法律规定行使民主权利，发挥国家主人翁的作用。

（四）充实推动产业工人队伍建设改革的内容。

产业工人队伍建设改革是习近平总书记亲自点题、亲自部署、亲自指导的重大改革。工会法明确了工会推动产业工人队伍建设改革的法定职责。在工会章程中充实相关表述，有利于推动各级工会坚决贯彻落实党中央决策部署，推动产业工人思想引领、建功立业、素质提升、地位提高、队伍壮大等改革措施落实落地，努力培养更多大国工匠、高技能人才，造就一支有理想守信念、懂技术会创新、敢担当讲奉献的宏大产业工人队伍。

（五）充实加强党的建设的内容。

习近平总书记关于党的建设的重要思想，是习近平新时代中国特色社会主义思想的重要组成部分，是加强党的建设的总遵循、总依据、总指引。把“深入学习贯彻习近平总书记关于党的建设的重要思想”“贯彻全面从严治党战略方针”写入工会章程，有利于推动各级工会深刻学习领会习近平总书记关于党的建设的重要思想，切实增强全面从严治党的自觉性坚定性，发扬自我革命精神，坚持党的领导，加强党的建设，为新时代工会工作创新发展提供坚强保证。

三、条文部分修改的主要内容

（一）明确新就业形态劳动者参加和组织工会的权利。

依据工会法，对劳动者入会增写兜底条款，要求工会适应企业组织形式、职工队伍结构、劳动关系、就业形态等方面的发展变化，依法维护劳动者参加和组织工会的权利。

（二）规范基层工会委员会的名称、任期。

依据工会法，对基层单位建立的工会组织名称统一表述为“基层工会委员会”，明确基层工会委员会和经费审查委员会每届任期三年或者五年。

（三）明确区域性、行业性工会联合会的组织形式。

总结吸收近年来工会改革和建设实践中的成功经验，规定区域性、行业性工会联合会的委员会可以按照联合制、代表制原则，由下一级工会组织民主选举的主要负责人和适当比例的有关方面代表组成。

（四）充实关于加强工会干部队伍建设的内容。

强调各级工会组织要落实新时代好干部标准，努力建设高素质干部队伍。要求工会干部认真学习党的基本知识和党的历史，提高政治能力、思维能力、实践能力，增强推动高质量发展本领、服务群众本领、防范化解风险本领。明确规定县和县以上工会可以为基层工会选派、聘用社会化工会工作者等工作人员。

中华全国总工会
第十七届执行委员会财务工作报告

——在中国工会第十八次全国代表大会上

（2023 年 10 月 12 日）

谭 天 星

各位代表，同志们：

我受中华全国总工会第十七届执行委员会的委托，向大会作财务工作报告，请予审议。

一、过去五年全国总工会本级经费收支情况

2018 年至 2022 年，全总本级累计实现收入 381. 43 亿元，比上届增加 161. 16 亿元，增长 73. 16%。其中，工会经费 274. 42 亿元，比上届增加 166. 78 亿元，增长 154. 90%；财政补助 97. 40 亿元，比上届减少 13. 61 亿元，降低 12. 30%；事业收入 7. 11 亿元，比上届增加 6. 71 亿元，是上届的 18 倍；其他收入 2. 50 亿元，比上届增加 1. 28 亿元，增长 105. 50%。

累计完成支出 377. 88 亿元。其中，补助下级支出 317. 65 亿元，比上届增加 152. 63 亿元，增长 92. 50%；业务支出 4 亿元，比上届减少 2. 16 亿元，降幅 35. 10%；行政支出 11. 49 亿元，比上届减少 1. 86 亿元，降幅 13. 90%；资本性支出 2. 47 亿元，比上届增加 1. 58 亿元；对所属单位补助 41. 30 亿元，比上

届增加 21.16 亿元，增长 105%；其他支出 0.97 亿元，比上届减少 0.44 亿元，降低 31.30%。

过去五年，全总接受了十九届中央第四轮巡视、中央审计委员会办公室对全总党组原主要负责同志的任期经济责任审计，每年接受全总经费审查委员会对全总本级经费收支情况审查审计。结果表明，全总本级年度经费收支符合《预算法》和《工会预算管理办法》的有关规定，财务处理符合《会计法》和《工会会计制度》的有关规定，工会经费使用符合《工会法》以及全总的相关规定。总体看，工会经费主要用于服务职工群众和开展工会工作，使用方向正确，预算管理规范，支出结构合理，使用绩效明显提升。

二、过去五年的全国工会财务工作

五年来，各级工会财务部门紧紧围绕党和国家工作大局以及工会整体工作，坚持党的领导，坚持依法依规，坚持系统观念，坚持守正创新，坚持面向基层，健全完善制度体系，深化财务管理改革，规范经费收支管理，强化财务监督检查，各项工作取得新的成效。

（一）统筹收入管理，财务保障能力显著增强。

加强与财政部门的协调沟通，积极争取财政资金支持。全总 3 个公益一类事业单位基本支出全部纳入财政保障范围，年度专项支出预算规模趋于稳定。县级以上工会每年财政划拨工会经费超过 330 亿元，1150 多个县级以上工会基本支出由同级财政全额保障。加强与税务部门的协调沟通，五年累计委托税务代收工会经费超过 3350 亿元。巩固完善工会经费收缴机制，全总实施工会经费上缴过渡性改革办法，调整补助经费结算周期，出台规范建会筹备金管理规定，省级工会足额上缴工会经费的局面基本形成。加大其他资金统筹力度。充分发挥资金使用效益，全总除年度结转结余资金全额纳入预算外，采取措施消化以前年度结余资金，五年共动用结余超过12亿元；加强资金用款计划管理，优化资金存放方式，五年累计实现利息收入近2.45亿元。省级工会将440多亿元资产经营收益等其他收入纳入预算管理，为预算收支平衡提供了有效补充。

（二）优化支出结构，预算管理绩效稳步提升。

坚决贯彻党中央“过紧日子”决策部署。优先保障单位正常运转，保障工会重点工作，压缩一般性支出和“三公”经费预算。全总本届业务支出和行政支出分别较上届压减2.16亿元和1.86亿元，分别降低35.10%和13.90%，公务接待经费压减28.57%，公务出国和公车运行经费连续五年零增长。各省级工会行政支出较上届压减30多亿元，降幅21%。加大工会经费向基层倾斜力度，全总每年对下级工会的补助均超过了总支出的80%，五年共安排下级工会补助预算318亿元，其中补助乡镇（街道）工会和基层工会超过28亿元。全国基层工会五年累计留成收入超过3100亿元，留成比例均超过60%。各级工会把落实同级党委和政府决策部署作为预算安排的首要任务，围绕主责主业，加大对重点工作的经费保障。五年累计安排产业工人队伍建设改革、新就业形态劳动者群体入会与服务、困难职工帮扶、智慧工会建设等重点工作项目预算分别为111.57亿元、25.80亿元、395.72亿元和30.20亿元。全总出台多项政策，助力经济社会发展。连续四年实施小微企业工会经费全额返还政策，累计返还270多亿元，惠及100多万家小微企业；制定加大工会经费投入助力疫情防控与经济社会发展的20条措施，安排专项转移支付资金20多亿元，助力疫情防控与经济社会发展。各级工会出台500多项细化措施，安排专项资金150多亿元，助力企业纾困解难、消费帮扶与乡村振兴等。

（三）健全制度体系，财务管理制度持续完善。

面向工会系统加强制度建设。全总制定《工会预算管理办法》《工会决算报告制度》，工会总预算、总决算制度机制搭建完成，各级工会总预算、总决算报告质量逐年提升；制定《工会财务监督暂行办法》，明确县级以上工会财务监督主体责任，工会财务监督制度机制基本形成。有效衔接财政管理加强制度建设。全总修订《工会会计制度》，强化行政运行成本理念，推动县级以上工会勤俭节约、勤俭办会，降低运行成本；修订《工会预算管理办法》，强化全面预算与预算绩效意识，推动各级工会科学编制预算、严格执行预算，建立预算安排与预算执行结果、绩效评价结果挂钩工作机制，硬化预算的刚性约束。主动回应基层需求加强制度建设。全总制定《县级以上工会支出管理暂行办法》《基层工会预算管理办法》，有效解决了规定不明确、管理不规范的问题；制定《职工困难帮扶资金管理办法》，拓展困难职工帮扶范围，解决各级工会送温暖过程中的现实问题；制定全总救灾资金使用管理办法，提高救灾资金时效性。各省级工会共出台实施细则1000多项。

（四）强化监督检查，财务管理行为不断规范。

建立健全财务监督制度机制。全总制定财务监督办法、经济活动内部控制规范，成立内部控制建设领导小组和财务监督专门机构，建立全总党组与中央纪委国家监委驻全总机关纪检监察组研商沟通机制，定期研判财务管理苗头性倾向性问题，及时完善制度、堵塞漏洞、防范风险。开展常态化财务监督检查。全总坚持日常监督与专项监督相结合，加强对重点单位、重要项目、重大资金的监督检查，开展资金存放管理专项检查，督促有关单位加强问题整改；每年印发通知，加强对省级工会落实全总重要财务制度与重大改革措施情况以及重点专项资金使用管理情况的专项监督检查。健全上下贯通的财务监督体系。各省级工会按照全总要求，适应巡视巡察全覆盖和审计监督全覆盖要求，加强组织领导，成立财务监督领导机构和工作机构，完善监督制度体系，组织实施重点检查，建立与财政监督、审计监督、经审监督沟通工作机制，实现省、市、县三级工会财务监督全覆盖。

（五）加强队伍建设，财务干部能力得到提高。

各级工会财务部门重视财务干部队伍政治能力建设，教育引导财务干部全面学习贯彻习近平新时代中国特色社会主义思想，深入学习习近平总书记关于工人阶级和工会工作的重要论述，提高站位，不断增强从政治高度谋划财务工作的能力。全总注重财务干部的业务能力建设，每年举办财务干部培训，发挥中国工会会计学会作用，加强理论研究、实践探索与经验交流；以新《工会会计制度》施行为契机，举办首届全国工会财务知识竞赛，各级工会近72万人次参与线上学习、竞赛，达到了以赛促学、共同学习、共同提高的目的。各省级工会采取请进来、走出去的方式，加大财务人员培训力度，财务干部队伍整体素质不断提升。各级工会财务部门落实新时代党的建设总要求，立足财务管理职责和岗位特殊要求，始终把纪律和规矩挺在前，加强党风廉政建设，增强拒腐防变能力；开展形式主义、官僚主义突出问题专项整治，切实转变工作作风，加强工会财务信息化建设，有效减轻基层负担。

过去五年工会财务工作取得的成绩，是各级工会和广大工会财务干部共同努力的结果，是各级财政、税务、金融等部门大力支持的结果，是各级审计机关和工会经费审查委员会监督、指导的结果。在此，我代表全总第十七届执行委员会向他们表示崇高的敬意和衷心的感谢！

在看到成绩的同时，我们清醒地认识到，工会财务工作还存在一些突出问题：工会财务管理水平对标财政管理要求还有待提高，财务管理体系与组织体系还需要进一步理顺，工会经费收缴区域不平衡问题仍然比较突出，预算编制不够细化与预算执行不够严格的问题还比较普遍，预算绩效管理与财务监督检查还有待加强等。对这些问题，我们要高度重视，认真研究解决。

三、对今后五年工会财务工作的建议

（一）坚持正确政治方向。

坚持以习近平新时代中国特色社会主义思想为指导，全面贯彻党的二十大精神，深入贯彻习近平总书记关于工人阶级和工会工作的重要论述，深刻领悟“两个确立”的决定性意义，增强“四个意识”、坚定“四个自信”、做到“两个维护”，始终在思想上政治上行动上同以习近平同志为核心的党中央保持高度一致。要深刻领会中国工会十八大对财务工作的新部署新要求，坚持围绕中心、服务大局，坚持以职工为中心的工作导向，努力构建工会经费助力高质量发展、促进实现共同富裕、着力解决职工群众急难愁盼问题的投入保障机制。

（二）加强工会财力建设。

把财力建设作为县级以上工会财务部门一项重点工作来抓，

不断夯实服务职工群众的物质基础。树牢财政管理理念，对标财政管理要求，厘清管理边界，明确管理重点，克服思维惯性，努力构建工会财务管理新机制。加强资金统筹，将工会经费、财政资金和其他各类资金一体纳入本级财力保障范围，统筹使用，分类管理，严格工会经费使用。全面提升保障能力，精准掌握下级工会及其所属单位的财力保障状况，完善转移支付制度，逐步形成权责清晰、财力协调、区域均衡的工会经费分配关系。

（三）深化财务管理改革。

主动适应新形势新任务新要求，积极稳妥解决工会财务管理中存在的深层次问题。深化工会经费收缴改革，坚持工会经费向基层倾斜，实施工会经费分成改革，理顺经费收缴体制，深化工会电子票据改革，推动工会经费应收尽收。稳步实施预算改革，理顺预算管理体制，合理划分事权和支出责任，深化预算绩效管理，努力构建规范透明、标准科学、约束有力的预算制度。深化工会经费使用改革，根据服务对象、服务内容的变化，适度拓展工会经费使用范围，建立资金直达机制，确保将更多的工会经费直接用在职工群众身上。

（四）完善资产监管机制。

坚持公益性服务性方向，深化职工服务阵地社会化市场化运营改革，努力提升工会资产服务效能。夯实资产监管基础工作，完善统计制度，定期开展资产清查，摸清家底。加强产权管理，做到产权明晰。严格审批程序，落实监管责任。深化工人文化宫、职工疗休养院（所）清理整改，有序推进职工服务阵地建设。健全完善以经营业绩考核、领导班子年度考核和党建述职评议考核为主要内容的综合考核评价制度。

（五）强化财务监督检查。

充分发挥财务监督在推进全面从严治党、规范财经秩序方面的重要作用。建立健全财务监督工作责任制，充实监督力量，优化监督方式，落实主体责任，推动财务监督全覆盖。围绕主责主业，突出对重大改革、重点项目、重要资金的监督，确保监督取得实效。建立与审计监督、经审监督、资产监督、巡视监督等各类监督协调联动机制，综合施策，形成合力。

（六）加强干部队伍建设。

落实新时代好干部标准，按照高素质专业化要求，强化工会财务干部思想淬炼、政治历练、实践锻炼、专业训练，不断提升履职尽责能力和水平。适应数智化要求，强化数智化思维，提升数智化能力，以数智化赋能财务工作再上新台阶。扑下身子、深入基层，积极回应基层关切。加强党风廉政建设，增强斗争本领，建设一支严谨、勤奋、务实、廉洁、高效的财务干部队伍。

各位代表、同志们，新时代新征程，工会财务工作面临新形势新要求，工会财务干部承担新使命新任务。让我们更加紧密地团结在以习近平同志为核心的党中央周围，全面贯彻习近平新时代中国特色社会主义思想，积极进取，勇于担当，为党的工运事业和工会工作高质量发展作出新贡献！

中华全国总工会
第十七届经费审查委员会工作报告

——在中国工会第十八次全国代表大会上

（2023 年 10 月 12 日）

全总十七届经费审查委员会

各位代表，同志们：

中华全国总工会第十七届经费审查委员会（以下简称全总经审会）向大会作经审工作报告，请予审议。

一、过去五年全总审查审计监督情况

（一）对全总本级经费和全国工会资产监督管理审查监督情况。

全总经审会每年对全总本级预决算（草案）和上半年预算执行情况进行审查监督。审查结果表明，全总高度重视工会财务工作，持续深化财务管理体制改革，强化预算编制、预算执行、预算支出绩效管理；经费收入显著增长，支出结构不断优化，非急需非刚性支出有效压减，经费向基层、向工会重点工作领域倾斜力度逐步加大。2018 年至 2022 年，全总本级经费总收入 381.43 亿元，其中，拨缴经费收入 274.42 亿元，占总收入的 71.95%，较上届增长 154.90%；政府补助收入 97.40 亿元，占总收入的 25.54%，较上届降低 12.30%。全总本级经费总支出 377.88 亿元，其中，补助下级支出 317.65 亿元，占总支出的 84.06%，较上届增长 92.50%。2018 年至 2022 年，全总本级经费收支相抵后结余 3.55 亿元。

全总经审会每年对全国工会资产监督管理情况进行审查监督。审查结果表明，工会资产监督管理工作不断加强，资产总体规模持续扩大，工会企事业运行管理逐年规范，取得较好的社会效益和经济效益。

全总十七届经审会第十二次全体会议审查了全总第十七届执行委员会财务工作报告。会议认为，报告真实反映了全总本级财务状况，全面总结了工作成绩和经验，指出了存在的问题，提出了今后五年进一步加强工会财务工作的建议，一致同意将报告提交中国工会第十八次全国代表大会审议。

（二）对全总本级、直属企事业单位和下级工会审计监督情况。

全总经审会每年对全总本级预算执行情况和直属企事业单位财务收支情况进行审计，从 2022 年起，对全总本级开展了预算审计工作。审计结果表明，全总本级预算编制和执行情况总体较好，财务管理比较规范，重点工作经费保障切实加强，对下级工会经费补助力度持续加大，充分体现了服务基层、服务职工的要求。全总直属预算拨款事业单位财务收支基本合规，预算执行情况较好；企业化管理单位克服疫情影响，持续降本增效、完善内控机制，经营管理水平不断提高。全总经审会组织开展了全总本级和直属企事业单位建设项目竣工结算审核、复审和决算审计等，对中国职工之家 B 座装修改造工程等重大项目实施全过程跟踪审计。受全总组织部委托，全总经审会对有关全总直属企事业单位主要负责人开展了经济责任审计。

五年来，全总经审会对35个省级工会预算执行情况进行了审计，实现对下审计届期全覆盖。审计结果表明，省级工会预算执行情况总体较好，经费管理比较规范，内控制度比较健全，工会经费收入稳步增长，经费支出结构进一步优化。全总经审会对与全总建立工会财务关系的32个在京中央企业工会财务收支情况进行了审计。审计结果表明，在京央企工会预算管理和财务管理总体较好，积极推进工会经费足额收缴，经费收支基本符合《工会预算管理办法》和《工会会计制度》的规定。

五年来，全总经审会直接组织开展416个审计项目，审计发现预算管理、财务管理、资产管理等各类问题1466个，提出审计意见建议322条，涉及金额74亿元，各单位对审计发现问题认真整改，除个别问题仍在持续整改外，大部分已整改落实。全总经审会统筹省、市、县级工会审计资源，对帮扶资金、劳模资金、社会化工会工作者专项补助资金等开展专项审计774项，审计发现各类问题1027个，涉及金额1.41亿元。

（三）审查审计发现的主要问题。

从全总审查审计监督情况看，存在的主要问题是：部分单位预算编制不够科学细化，受疫情等因素影响部分项目支出预算执行率偏低，结转资金管理不够规范；一些单位落实全总关于小微企业工会经费返还、规范建会筹备金收缴管理等政策规定不够到位；一些单位内部控制制度不健全，招标采购管理存在风险隐患；一些单位银行账户管理不严格，选择资金存放银行程序不够规范，存款结构不合理造成利息损失；一些单位超范围、超标准使用专项资金；一些单位对外合作项目监管不够严格；个别单位未按规定及时足额上缴工会经费。

二、过去五年的全国工会经审工作

五年来，各级工会经审会紧紧围绕党和国家工作大局和全总工作安排，依法全面履行经审监督职责，做好常态化监督工作，较好发挥了工会经审组织的监督保障作用。据统计，全国县以上工会（不含全总）经审会开展本级预算执行审计0.89万项，工会企事业单位财务收支审计1.97万项，对下审计13.58万项，专项资金审计1.23万项，工会建设项目审计0.45万项，经济责任审计0.58万项。审计发现各类问题25.08万个，涉及金额195.10亿元，提出审计意见和建议22.18万条，已落实整改19.40万条；审计查出少、漏、欠缴工会经费31.20亿元，已补缴入库12.05亿元，在促进工会政策规定贯彻落实、维护工会经费资产安全完整效益、推动工会经济活动规范运行、推进工会系统党风廉政建设等方面发挥了积极作用。

（一）坚持政治统领，党对工会经审工作的领导更加坚强。

坚持和加强党的全面领导，深刻领悟“两个确立”的决定性意义，增强“四个意识”、坚定“四个自信”、做到“两个维护”。坚持政治站位与责任定位有机融合，推动各级工会党组织建立健全党领导工会经审工作机制。抓住出台工会经审工作规划、制定年度审计计划、实施审计项目、落实审计整改、问题线索移送等关键环节，把加强党的领导贯彻落实到工会经审工作全过程各方面。

（二）助力政策落实，服务工会整体工作更加有力。

围绕贯彻落实党中央决策部署和全总政策规定情况统筹开展审计监督，密切关注困难职工解困脱困、货币资金存放管理、小微企业工会经费返还等政策规定的落实情况，持续开展专项审计或审计调查，服务工会整体工作的主动性更强、契合性更高。坚持全国工会经审工作“一盘棋”，强化审计项目和审计组织方式“两统筹”，努力实现全过程、全链条监督覆盖。发挥经审建设性作用，向党组提交编制预算、优化货币资金存放管理等建议，推动职能部门健全完善相关内控制度，寓监督于服务之中。

（三）聚焦主责主业，工会经审监督质效更加明显。

持续深化工会预决算审查工作，加强对支出预算和政策审查监督，完善以审计为基础的预决算审查制度，提高审查监督的针对性和有效性。拓展预算执行审计的广度和深度，围绕全总政策规定贯彻落实情况向省级工会进行延伸审查；将预算编制情况纳入审计范围，开展本级预算调整方案预审，为会议审查及科学决策提供参考依据。深化工会企事业领导干部经济责任审计，开展任中经济责任审计，审慎客观确定经济责任。持续开展重大建设项目跟踪审计，推动工会建设项目审计向投资审计转型。

（四）注重建章立制，工会经审制度体系更加完善。

强化顶层设计，修订完善《中国工会审计条例》、《工会建设项目审计办法》等制度，推进审计实务指南体系建设。发挥审计计划引领作用，紧扣工会党组织决策部署和年度重点工作安排审计项目。强化审计项目过程控制，完善审计全流程管理。深化审计成果运用，建立健全审计发现问题移交机制，完善工会审计整改长效机制。完善社会中介机构公开招标、定期考评和退出机制，加强对外聘社会中介机构的指导检查、监督评价和质量控制。加强调查研究，及时总结推广先进经验，推动工会经审理念创新、制度创新、工作创新。

（五）加强自身建设，工会经审干部队伍立身立业立信更加自觉。

积极争取工会党组织和领导班子重视支持，按照“三同时”原则建立健全工会经审组织。截至 2022 年 9 月底，全国 3255 家县以上工会建立了经审会，2622 家县以上工会设立了经审会办公室，有 145.70 万家基层工会建立了经审会。全国县以上工会共有专兼职经审干部 6676 人，其中具有中级以上会计、审计专业技术资格的 2206 人。通过专题培训、课题研究、以审代训、交流挂职等多种形式，提高工会经审干部的综合素质和专业能力。持续深化工会经审工作规范化建设考核工作，以更高标准更严要求提升工会经审工作整体水平。坚持开展全国工会优秀审计项目评选，发挥优秀审计项目示范引领作用。

在看到成绩的同时，我们清醒地认识到，当前工会经审工作还面临一些问题，主要是：工会经审工作的方式方法、审计人员素质能力还不能完全满足新时代新任务新要求，工会经审作用发挥仍有差距，审计任务重与力量不足的矛盾仍然突出，工会经审信息化建设相对滞后，审计整改和审计成果运用还不够充分等。这些问题需要我们在今后的工作中认真研究解决。

三、对今后五年工会经审工作的建议

（一）加强和改进党对工会经审工作领导。

坚持不懈用习近平新时代中国特色社会主义思想凝心铸魂，全面贯彻党的二十大精神，深入学习二十届中央审计委员会第一次会议精神，将学习成效转化为做好工会经审工作的思路举措。各级工会党组织要健全完善党领导工会经审工作机制，定期听取工会经审工作汇报，加强对经审工作规划、年度审计计划、审计质量控制、问题整改和队伍建设等重要事项的管理，提供人力物力财力保障，努力将制度优势转化为监督效能。各级工会经审组织要自觉接受同级工会党组织的领导，严格执行重大事项请示报告制度。工会经审干部要做政治上的明白人，坚持用政治眼光观察和分析经济问题，不断提高政治判断力、政治领悟力、政治执行力。

（二）持续完善工会经审工作制度机制。

深化对工会经审工作的规律性认识，完善以国家审计为指导、以工会经审组织为主体、以社会审计为补充、以职工会员监督为基础的工会常态化经审监督体系，深入推进全国工会经审工作“一盘棋”。抓好新修订的《中国工会审计条例》学习贯彻落实，做好相关制度立改废释，进一步完善工会经审制度体系。规范和加强社会中介机构、特邀审计员参与工会经审工作，健全招标引入、质量评价、动态调整和退出机制。梳理优化工会经审工作流程，完善工会经审工作内部控制机制。做好审计整改“下半篇文章”，健全完善审计发现问题整改长效机制，推动落实被审计单位整改主体责任、被审计单位主要负责人整改第一责任人责任，将审计结果及整改情况作为考核、任免、奖惩工会干部和相关决策的重要依据。加强经审监督与纪检监察、巡视巡察、组织人事等其他监督贯通协同，形成监督合力。

（三）着力提高工会经审工作质量水平。

坚持严的主基调不动摇，立足经济监督定位，聚焦工会资金资产安全完整效益主责主业，高质量推进审查审计全覆盖，形成常态化、动态化震慑。深化工会预决算审查工作，审查监督重点继续向支出预算和政策拓展。进一步健全工会资产审查审计制度，拓展工会资产审查内容，推动建立工会资本经营预算制度。做实研究型审计，将研究贯穿审计计划制定、审计项目实施、审计成果运用、审计整改督查全过程。将事后审计向事前事中审计延伸，提高审计监督时效性和针对性，注重提高审计发现问题和深入分析问题的能力，努力提出可推广、能落实的高质量审计建议。适应数智化要求，加快推进工会经审工作信息化建设，提高运用信息化技术查核问题、评价判断和分析问题能力。

（四）全面强化工会经审组织自身建设。

健全完善各级工会经审组织，配强配齐工会经审干部，不断优化经审委员和经审干部专业结构。将全国工会专兼职审计人员轮训一遍，强化工会经审干部的思想淬炼、政治历练、实践锻炼、专业训练，加强斗争精神和斗争本领养成，推动提高能查能说能写本领。大兴调查研究，扑下身子干实事、谋实招、求实效。坚持以审计精神立身、以创新规范立业、以自身建设立信，努力建设一支信念坚定、为民服务、业务精通、作风务实、敢于担当、清正廉洁的高素质专业化工会经审干部队伍。

各位代表、同志们，新时代新征程工会经审工作责任重大、使命光荣。让我们更加紧密地团结在以习近平同志为核心的党中央周围，围绕中心、服务大局，守正创新、勇于担当，不断开创工会经审工作高质量发展新局面！

关于中华全国总工会第十七届执行委员会提案工作情况和中国工会第十八次全国代表大会代表提案审查情况的报告

（2023 年 10 月 12 日）

现将中华全国总工会第十七届执行委员会提案工作情况和中国工会第十八次全国代表大会代表提案审查情况报告如下。

一、中国工会十七大代表、执委提案情况

中国工会十七大以来，各位代表、执委坚持以习近平新时代中国特色社会主义思想为指导，全面贯彻党的十九大、二十大精神，深入学习贯彻习近平总书记关于工人阶级和工会工作的重要论述，按照《工会全国代表大会代表、全国总工会执行委员会委员提案办理办法（试行）》要求，围绕职工群众关心关切和工会工作创新发展等问题建真言、献良策、出实招，充分发挥了提案工作联系职工、反映意愿、凝聚人心、汇聚力量的积极作用。五年来，中国工会十七大代表、执委提出的提案经审查立案 656 件，其中基层一线职工代表、执委提案 160 件，占比 24.39%。截至 2023 年 9 月中旬，提案已全部办复。

（一）加强职工思想政治引领方面。

围绕团结动员广大职工深入学习宣传贯彻习近平新时代中

国特色社会主义思想，引导广大职工坚定不移听党话、跟党走等提出提案76件。其中，在全国广大职工中开展“建功‘十四五’、献礼‘二十大’”主题系列活动、打造新时代产业工人思想政治教育实践地、做好职工思想文化建设顶层设计等提案，有效推动了职工思想政治工作创新发展。将劳模精神劳动精神工匠精神纳入学校思政教育、新形势下加强职工网上思想政治引领等提案，推动党的创新理论更加广泛深入地融入职工文化教育活动中。发挥工会新媒体作用、加强工会网上建设、推动职工网上思想引领和普惠服务紧密结合等提案，进一步丰富和拓展了职工宣传教育方式方法。

（二）充分发挥工人阶级主力军作用方面。

围绕推进产业工人队伍建设改革，广泛深入持久开展劳动和技能竞赛，组织动员广大职工在推进中国式现代化进程中建功立业等提出提案130件。其中，加快推进产业工人队伍建设改革、深化创新产业工人素质提升体系、打通职工技术技能提升和职业发展通道等提案，在《关于加强新时代高技能人才队伍建设的意见》《关于深化现代职业教育体系建设改革的意见》《关于推行终身职业技能培训制度的意见》等政策文件中得到体现，助力建设高素质产业工人大军。建立选树机制培育大国工匠、加强劳模创新工作室建设、加快建设现代职业教育体系、培育“通用型”技术工人队伍等提案，为培养更多大国工匠和高技能人才献计出力。在脱贫攻坚战中发挥工会作用、发挥劳模先锋模范作用促进乡村振兴、进一步发挥“大国工匠”等引领型技能人才队伍作用助推企业发展等提案，为工会围绕中心、服务大局，推动高质量发展出计献策。扩大全国引领性劳动和技能竞赛范围、创新劳动竞赛模式、推进职工技术创新成果转化等提案，有效激发了广大职工的创新创造活力。

（三）强化职工权益保障方面。

坚持以职工为中心的工作导向，聚焦新就业形态劳动者和困难职工权益维护、推动构建和谐劳动关系等提出提案 144 件。其中，规范平台经济劳动关系维护职工权益、切实保护外卖骑手合法权益等提案，回应新就业形态劳动者急难愁盼问题，推动强化新就业形态劳动者权益保障。建立和完善中国特色和谐劳动关系、加强企事业单位民主管理工作、推进企业年金集体协商工作、加强对企业工会工作分级分类指导等提案，为促进劳动关系双方互利共赢建言。建立工会法律援助联动机制、加强工会对职工“同工同酬”落实情况依法监督工作等提案，为用好法律手段维护职工合法权益提出建议。建立工会职工重大疾病特殊救助政策、加大城镇困难职工解困脱困力度、进一步解决拖欠农民工工资问题等提案，助推构建更加完备的职工权益保障体系。

（四）提升服务职工水平方面。

紧扣促进共同富裕，开展职工普惠性服务工作，不断满足职工群众对美好生活的向往等提出提案 97 件。其中，将工会服务职工活动阵地建设纳入国家“十四五”规划整体布局、加强工人文化宫建设、聚焦企业发展着力提升职工生活品质等提案，助力提升广大职工生活品质。将户外劳动者爱心驿站建设纳入城市基础设施、提高工会户外劳动者服务站点综合利用率等提案，有力促进了“劳动者港湾”“爱心驿站”等工会户外劳动者服务站点建设。尽快出台职工疗休养工作指导意见、进一步做好劳模关心关爱工作等提案，为提升服务劳模水平和激励职工崇尚劳模精神建言献策。构建职工意见和建议收集处理的制度化规范化经常化工作机制、加快建立网上服务职工体系、统一规范职工福利标准等提案，为推进职工服务规范化、制度化建设提供了重要参考。

（五）工会组织自身建设方面。

围绕保持和增强政治性先进性群众性深化工会改革和建设，着力把工会组织建设得更加充满活力、更加坚强有力等提出提案209件。其中，坚持不懈“增三性”“去四化”推动工会改革创新、把党支部和工会小组建在班组上、加强新型劳动关系下工会建设等提案，为深化工会改革创新、保持正确政治方向提供有益参考。推动修改完善《工会法》、推动出台《新就业形态劳动者权益保障条例》等提案，为促进工会组织健康发展、提供依法履职的法治保障发挥了积极作用。进一步加强工会基层组织建设、解决乡镇工会定位和经费问题、加强智慧工会建设等提案，为改进工会工作、破解基层工会难题提供了有价值的建议。加强工会干部适应新时代新使命新要求能力培训、推进社会化工会工作者队伍规范化建设、加强街镇工会主席队伍建设等提案，为夯实工会基层基础、建强工会干部队伍建言献策。

二、五年来提案办理工作情况

五年来，各级工会认真贯彻落实习近平总书记关于工人阶级和工会工作的重要论述，把做好代表、执委提案工作作为践行党的群众路线、联系服务职工群众的重要载体，加强联系交流、广泛凝聚共识，努力提高提案工作质量。

（一）强化组织领导。

全国总工会领导同志高度重视提案办理工作，多次听取提案工作汇报，逐件审签分管领域的提案答复文稿，研究解决提案办理过程中遇到的困难问题。全国总工会办公厅认真履行牵头责任，每年组织召开提案交办会，制定提案办理工作方案，印发办理操作规程，确保提案办理规范严谨、有章可循。各省级工会、全国产业工会、全总机关各部门及直属单位等各承办单位将提案办理工作列入重要工作日程，逐级压紧压实办理责任，确保提案件件有答复、建议条条有回音。

（二）强化沟通联络。

通过全国总工会官网、全国总工会执委会等及时向代表、执委通报工会重点工作进展，引导代表、执委围绕工会整体工作和职工群众急难愁盼问题提出契合度高、针对性强的提案。加强提案办理全过程管理，办前主动沟通，深入领会提案意图，办中协商推进，促进“提”“办”双方形成共识，办后及时反馈，征得代表、执委同意后方正式答复。对综合性强、涉及面广、办理难度大的提案，积极主动与政府有关部门沟通联系，共同推动办理落实。

（三）强化督办落实。

将提案办理工作与推动工会重点任务落实相结合，对紧扣“国之大者”、职工关切的重点提案，建立全国总工会领导领衔督办、承办部门领题督办、全国总工会办公厅跟踪督办机制。以解决问题为导向，建立答复承诺事项台账，确保兑现答复承诺。坚持以代表、执委满意为目标，建立提案办理情况满意度反馈制度。

（四）强化成果转化。

认真执行在工会全国代表大会、全国总工会执委会上报告代表、执委提案办理情况制度，听取代表、执委对提案办理工作的意见建议，广泛调动建言献策的积极性和主动性。将提案办理工作作为推进工会改革和建设的重要内容，注重从提案中汲取智慧，有力促进工会工作创新发展。探索打通代表、执委提案与全国政协委员提案通道，推选出一批高质量优秀提案提交全国两会，不断提升代表、执委提案的影响力。

三、中国工会第十八次全国代表大会代表提案审查情况

本次全国代表大会提案工作得到广大代表积极响应。截至2023年10月10日，共收到中国工会第十八次全国代表大会代表提案392件。包括：加强职工思想政治引领方面30件，占比7.65%；充分发挥工人阶级主力军作用方面98件，占比25%；强化职工权益保障方面82件，占比20.92%；提升服务职工水平方面70件，占比17.86%；工会组织自身建设方面104件，占比26.53%；其他方面8件，占比2.04%。

经初步审查，提案立案371件。总体上看，提案聚焦推动新时代工运事业发展、更好地代表和维护职工群众利益，既有宏观层面完善制度机制的意见建议，又有具体工作领域改革创新的意见建议，充分反映了职工群众的意见呼声和基层工会工作面临的新情况新问题，体现了代表们高度的责任感和参政议政水平，展现了心系大局、情系职工的良好形象。提案内容主要集中在以下5个方面：一是要全面贯彻习近平新时代中国特色社会主义思想和党的二十大精神，引导广大职工深刻领悟“两个确立”的决定性意义，增强“四个意识”、坚定“四个自信”、做到“两个维护”，巩固团结奋斗的共同思想基础。二是要牢牢把握我国工人运动时代主题，充分发挥工人阶级主力军

作用，团结动员亿万职工为推进中国式现代化建功立业。三是要着力深化产业工人队伍建设改革，发挥全国总工会牵头抓总作用，调动各方面积极性，激发企业履行主体责任的内生动力，打通改革的“最后一公里”。四是要坚持以职工为中心的工作导向，认真履行维护职工合法权益、竭诚服务职工基本职责，积极推动完善以职工代表大会为基本形式的企事业单位民主管理制度，依法保障职工知情权、参与权、表达权、监督权。五是要不断深化工会改革和建设，保持和增强政治性、先进性、群众性，有效发挥党联系职工群众的桥梁纽带作用。

四、高质量做好今后五年提案工作

中国工会第十八次全国代表大会闭幕后，全国总工会将认真做好代表提案办理工作，不断提高提案质量、办理质量、服务质量，更好发挥提案工作凝聚代表、执委智慧力量，推动工会工作高质量发展的积极作用。

（一）牢牢把握提案工作的正确政治方向。

坚持以习近平新时代中国特色社会主义思想统揽提案工作，全面贯彻党的二十大精神，深入学习贯彻习近平总书记关于工人阶级和工会工作的重要论述，深刻领悟“两个确立”的决定性意义，自觉把增强“四个意识”、坚定“四个自信”、做到“两个维护”体现到提案工作全过程各方面，着力推动党中央决策部署转化为广大职工群众的思想共识和行动自觉。

（二）始终坚持以职工为中心的工作导向。

将提案工作作为密切联系职工群众、解决基层工作难题的重要抓手，进一步探索完善征集提案的有效做法，引导代表、执委准确反映职工群众关心的急难愁盼问题，有针对性提出惠民生、暖人心的务实之策，并转化为维护职工权益、竭诚服务职工的工作成效，不断增强职工群众的获得感、幸福感、安全感。

（三）切实发挥助力工会工作高质量发展作用。

紧紧围绕落实党的二十大决策部署和中国工会十八大各项工作任务，紧扣工会职责使命，发挥畅通渠道优势，组织引导代表、执委积极担当作为，提出更多有深度、有价值、有分量的高质量提案。加强提案工作数字化建设，推动信息技术与提案工作有机结合，进一步提高提案工作信息化水平。

（四）持续健全提案工作制度机制。

不断总结提案工作的经验和做法，进一步明确工作总体思路和重点任务。加强代表、执委联系制度，探索拓宽一线代表、执委与全国总工会机关各部门的交流渠道。遴选优秀提案，聚焦重点提案组织开展调研，围绕提高提案质量、提案办理质量完善长效机制。

同志们，让我们紧密团结在以习近平同志为核心的党中央周围，全面贯彻习近平新时代中国特色社会主义思想和党的二十大精神，深入学习贯彻习近平总书记关于工人阶级和工会工作的重要论述，务实进取、守正创新，不断推动提案工作迈上新台阶，为新时代工运事业和工会工作创新发展贡献力量！

中国工会第十八次全国代表大会关于中华全国总工会第十七届执行委员会报告的决议

（2023年10月12日　中国工会第十八次全国代表大会通过）

中国工会第十八次全国代表大会批准王东明同志代表中华全国总工会第十七届执行委员会所作的报告。报告提出了工会十八大主题，回顾总结新时代我国工运事业的发展和过去五年的工作，深刻阐述坚持用习近平新时代中国特色社会主义思想统领工会工作，对今后五年的主要工作作出了部署安排。

大会认为，新时代我国工运事业的发展和过去五年的工作取得的新进展新成效，根本在于有以习近平同志为核心的党中央的坚强领导，在于有习近平新时代中国特色社会主义思想的科学指引。

大会认为，习近平总书记关于工人阶级和工会工作的重要论述，是习近平新时代中国特色社会主义思想的重要组成部分，深刻阐明了新时代党的工运事业和工会工作的地位作用、工运主题、发展道路、目标任务、根本保证等重大问题，是新时代新征程党的工运事业和工会工作的根本遵循，必须倍加珍惜、长期坚持、全面落实。

大会号召，各级工会要坚持以习近平新时代中国特色社会主义思想为指导，深入贯彻习近平总书记关于工人阶级和工会工作的重要论述，深刻领悟“两个确立”的决定性意义，增强“四个意识”、坚定“四个自信”、做到“两个维护”，始终坚持工会工作正确政治方向，围绕中心、服务大局，履行工会基本职责，实现好、维护好、发展好职工群众的根本利益，踔厉奋发、埋头苦干，团结引导亿万职工坚定不移听党话、跟党走，为以中国式现代化全面推进强国建设、民族复兴伟业而团结奋斗！

中国工会第十八次全国代表大会关于《中国工会章程（修正案）》的决议

（2023 年 10 月 12 日　中国工会第十八次全国代表大会通过）

中国工会第十八次全国代表大会审议并一致通过中华全国总工会第十七届执行委员会提出的《中国工会章程（修正案）》，决定这一修正案自通过之日起生效。

大会认为，在工会章程总则中增写深刻领悟“两个确立”的决定性意义、深入学习贯彻习近平总书记关于党的建设的重要思想、为实现新时代新征程党的中心任务而奋斗、发展全过程人民民主、推动产业工人队伍建设改革等内容，对于各级工会全面贯彻习近平新时代中国特色社会主义思想，深入贯彻习近平总书记关于工人阶级和工会工作的重要论述，团结引导职工群众听党话、跟党走，组织动员广大职工奋进新征程、建功新时代，具有重要意义。

大会认为，在有关条文中明确新就业形态劳动者入会权利，明确区域性、行业性工会联合会组织形式，规范基层工会委员会名称和任期，明确工会干部能力本领要求等，有利于各级工会持续深化改革和建设，有效发挥党联系职工群众的桥梁纽带作用。

大会要求，各级工会组织和广大工会干部要深刻领悟“两个确立”的决定性意义，增强“四个意识”、坚定“四个自信”、做到“两个维护”，自觉学习、遵守、贯彻、维护工会章程，发挥工会章程的规范和指导作用，开创新时代新征程工会工作新局面。

中国工会第十八次全国代表大会关于中华全国总工会第十七届执行委员会财务工作报告的决议

（2023年10月12日　中国工会第十八次全国代表大会通过）

中国工会第十八次全国代表大会审议并批准谭天星同志代表中华全国总工会第十七届执行委员会所作的财务工作报告。大会认为，五年来，各级工会坚定不移地走中国特色社会主义工会发展道路，紧紧围绕党和国家工作大局，聚焦工会中心工作，不断完善财务制度体系，规范经费收缴管理，深化财务管理改革，强化财务监督检查，突出工会资产公益性服务性，为工会工作高质量发展提供了有力保障，工会经费使用绩效和服务职工的能力显著提升。大会要求，各级工会要坚持以习近平新时代中国特色社会主义思想为指导，深入贯彻党的二十大精神，牢牢把握工会财务工作正确政治方向；加强工会财力建设，全面提升保障能力；深化财务管理改革，完善资产监管机制，强化财务监督检查，全面提升工会财务工作水平，努力在全面建设社会主义现代化国家新征程中，为工会工作创新发展提供更好的服务和保障。

中国工会第十八次全国代表大会关于中华全国总工会第十七届经费审查委员会工作报告的决议

（2023 年 10 月 12 日　中国工会第十八次全国代表大会通过）

中国工会第十八次全国代表大会审议并批准中华全国总工会第十七届经费审查委员会所作的工作报告。

大会认为，五年来，各级工会经审组织坚持以习近平新时代中国特色社会主义思想为指导，全面贯彻党的十九大、二十大精神，学习贯彻习近平总书记关于工人阶级和工会工作的重要论述以及关于审计工作的重要讲话和重要指示批示精神，紧紧围绕党和国家工作大局，聚焦工会中心工作，依法全面履行审查审计监督职责，做好常态化监督工作，推动工会经审理念创新、制度创新、工作创新，有效发挥了工会经审组织的监督保障作用。

大会要求，各级工会经审组织和广大工会经审干部要坚持不懈用习近平新时代中国特色社会主义思想凝心铸魂，全面贯彻党的二十大精神，深入学习二十届中央审计委员会第一次会议精神，按照中国工会十八大确定的目标任务，围绕中心、服务大局，守正创新、勇于担当，全面履行审查审计监督职责，深入推进工会常态化经审监督体系建设，高质量推进审查审计全覆盖，深化审查审计成果运用，加强工会经审组织自身建设，不断开创工会经审工作高质量发展新局面。

中国工会十八大领导机构、全总十八届领导机构

中国工会第十八次全国代表大会主席团名单

（共 172 名）

（2023 年 10 月 8 日　中国工会第十八次全国代表大会预备会议通过）

（按姓氏笔画为序）

马　进（回族）	马　璐（女）	马吉孝（回族）
马保岭	王　纯	王大南
王东明	王东昱	王君伟
王树芬（女，藏族）	王娇萍（女）	王素国（侗族）
王振强	王晓峰	王雪敏（女）
王曙群	韦青祥	云玉美（女，蒙古族）
木合亚提·加尔木哈买提（哈萨克族）		巨晓林
石现升	田胜松（土家族）	白　剑
冯　明	冯原平	边杰光
吕国泉	朱虎祥	朱建平
乔长华（女）	庄稼汉	刘　忻
刘　杰（重庆）	刘　强（回族）	刘小昶
刘玉泉	刘向兵	刘红丽（女）
刘伯鸣	刘国林	刘育新

刘家伟	刘雪荣	刘喜堂
刘德辉	齐　静（女）	衣永青（女）
闫希军	闫学刚	闫蔷薇（女,蒙古族）
江广平	许　文（女,壮族）	许　强
许　静（女）	许子武	杜希学
李　江	李　辉	李卫华
李开德（彝族）	李公乐	李庆忠
李庆堂	李志宏（女）	李忠运
李和风	李金英（女,回族）	李艳清（女）
李晓英（女,陕西）	李新旺	李福信
杨立州	杨宇栋	杨其景（女）
何树山	余伟伟	邹　震
邹祥凤（女）	汪崇鲜	沈左权
宋光兰（女）	宋留柱	张　迅（女）
张　勇（贵州）	张少琴	张业锁
张白云（女）	张西昶	张来清
张时明	张怀德	张国兴
张晓兰（女）	张晓钦	张晓辉
张新停	张韶春	陈　平
陈　韬	陈小丽（女，高山族）	
陈元春（女）	陈立虎	陈同庆
陈伟东	陈杰平	陈绿平
陈新垓	武　增（女）	范锐平
林艳秋（女）	罗　丽（女）	供波泽里（藏族）
金善文	周　农	周　亮

郑文敏	郑钢淼	孟祥忠
赵　飞	赵昌虎	赵俊民
胡　焯	胡东方	胡永宽（满族）
柳祥国	钟孟捷	宫丽艳（女）
姚　焕	秦少相	贾玉梅（女）
钱　磊	徐　强	徐　璐（女）
徐广湘（女）	徐留平	徐海荣
徐锦凤（女，土家族）		翁杰明
凌人枫	凌存华	凌国青（女）
高风林	高晓春（女）	郭启民
郭明山	郭明义	唐明英（女）
唐咸兴	唐铁生	唐航浩
桑维亮	黄　峥	黄建华
曹　斌	曹景芳（女）	戚　红（女）
符金陵	隋庆九	董　宽
韩　钧	粟　斌	程先东
蓝　泉	蒙　曼（女，满族）	雷万兵（畲族）
蔡淑敏（女）	谭天星	樊卫东
薛振虎	戴建平	魏地春
魏国强		

中国工会第十八次全国代表大会主席团常务主席名单

（共18名）

（2023年10月8日　中国工会第十八次全国代表大会主席团第一次全体会议通过）

王东明	徐留平	张少琴
翁杰明	张晓兰（女）	谭天星
江广平	杨宇栋	马吉孝（回族）
李金英（女，回族）	魏地春	朱建平
马　璐（女）	郭明义	巨晓林
高凤林	邹　震	金善文

中国工会第十八次全国代表大会秘书长名单

（2023年10月8日　中国工会第十八次全国代表大会预备会议通过）

徐留平

中国工会第十八次全国代表大会副秘书长名单

（共 7 名）

（2023 年 10 月 8 日　中国工会第十八次全国代表大会主席团第一次全体会议通过）

杨宇栋	魏地春	朱建平
吕国泉	刘福亮	张　愚
马少波		

中国工会第十八次全国代表大会代表资格审查委员会名单

（共 21 名）

（2023 年 10 月 8 日　中国工会第十八次全国代表大会预备会议通过）

主　任

徐留平

副主任

李金英（女，回族）	朱建平	陈伟东
韩树荣（女）	王立连	

委　员（按姓氏笔画为序）

王娇萍（女）	石爱作	吕志良
齐为民	关立平（满族）	李拴成
李海芳（女）	宋开慧	张葵红（女）
郑志明	徐大勇	蒋德启
蒙占元	蔡亚东	谭　民（蒙古族）

中华全国总工会第十八届执行委员会委员名单

（共 278 名）

（按姓氏笔画为序）

于金伟	马　进（回族）	马　丽（女，回族）
马　璐（女）	马军生（回族）	马志勇
马保岭	王　军	王　宏（云南）
王　纯	王　铎	王士奇
王大南	王东明	王立连
王君伟	王建军（金融）	王树芬（女，藏族）
王娇萍（女）	王振强	王晓峰
王雪敏（女）	王敬斋（回族）	王蔚苊（女）
王曙群	韦青祥	云玉美(女,蒙古族)
木合亚提·加尔木哈买提（哈萨克族）		
巨晓林	尹建珍（女）	石爱作
申俭聪	田立成	田胜松（土家族）
田得梅（女）	田敬毅	央　金（女，藏族）
白　剑	白国周	冯　明
冯原平	边　巴（藏族）	戎雪海
吕志良	吕国泉	朱虎祥

朱建平　乔　森　乔长华（女）
任　静（女）　向　波　向忠雄（土家族）
向波涛　庄稼汉　刘　扬
刘　忻　刘　杰（重庆）　刘　俊（云南）
刘　琨　刘　强（回族）　刘小昶
刘玉泉　刘华勇　刘红丽（女）
刘红强　刘伯鸣　刘国林
刘育新　刘建波　刘剑平
刘雪荣　刘喜堂　刘德辉
齐　静（女）　齐为民　衣永青（女）
闫希军　闫学刚　闫春萍（女）
闫蔷薇（女，蒙古族）　安　亮
春　玲（女）　许　文（女，壮族）
许　强　许　静（女）　许子武
孙凤霞（女）　孙菊生　苏刚刚
杜希学　李　江　李　超
李　辉　李　斌　李　毅
李卫华　李开德（彝族）　李公乐
李仲臣（阿昌族）李庆忠　李庆堂
李志宏（女）　李忠运　李和风
李拴成　李艳清（女）　李晓英（女，陕西）
李爱华（女）　李海玉（女，朝鲜族）
李富民　李新旺　李福信
杨　莹（女）　杨宇栋　杨丽君（女）
杨其景（女）　杨春武　杨晓磊

吴志民	吴丽华（女）	吴秀章
吴剑鸣	吴鸿斌	何树山
余季平	邹　明	邹　震
邹绍辉	汪崇鲜	沈左权
宋开慧	宋光兰（女）	宋留柱
初明锋	迟艳丽（女）	张　迅（女）
张　良	张业锁	张白云（女）
张西昶	张来清	张怀德
张青松	张国兴	张建刚
张桂容（女）	张晓钦	张晓辉
张善民	张新武	张新停
张韶春	张慧宇	张黎明
陈　平	陈　钊	陈　嵘（女）
陈元春（女）	陈立虎	陈同庆
陈伟东	陈杰平	陈忠宽
陈绿平	陈惠霞	陈新垓
武　增（女）	苟　坪	范铁明
范锐平	林　怡（女）	林丹如
林艳秋（女）	易　冉（女）	罗　丽（女）
供波泽里(藏族)	金善文	周　农
周　茜（女）	周　亮	周小明（福建）
周平红	周庆浩	郑文敏
郑志明	郑钢淼	孟　军
赵　飞	赵丰东	赵昌虎
赵俊民	赵勇前	赵继胜

郝春燕（女）	胡　焯	胡文森
胡东方	胡永宽（满族）	胡春晓（女）
柳祥国	哈里玛（女，回族）	
钟孟捷	钟洪江	宫丽艳（女）
祝荣亮	姚　焕	羿洪娟（女，满族）
秦少相	贾玉梅（女）	贾向东
夏　军	顾少清	倪　倩（女）
徐大勇	徐广湘（女）	徐立平
徐发成	徐仲维	徐昕昕（女）
徐留平	徐海荣	徐锦凤(女,土家族)
徐颖雪（女）	凌人枫	凌存华
高凤林	高学昌	高晓春（女）
郭　平	郭启民	郭明义
唐明英（女）	唐咸兴	唐铁生
唐航浩	唐德新	唐燕平
谈　健（女）	陶　源	桑维亮
黄　红（女）	黄　峥	黄久生
曹　斌	曹景芳（女）	戚　红（女）
崔颖凯	符小琴(女,黎族)	符金陵
阎　欣	梁敬华	隋明利
彭海斌	韩　钧	韩　辉
粟　斌	程先东	谢岩梅（女）
蓝　泉	蒙　曼(女,满族)	赖泳文
甄文庆	雷万兵（畲族）	蔡亚东
蔡安辉	蔡淑敏（女）	管理年

赛福丁·伊斯热依力（维吾尔族）	谭　民（蒙古族）	
樊卫东	潘　健	潘从明
薛振虎	戴良宗	戴建平
魏地春	魏红江	魏国强

中华全国总工会第十八届执行委员会主席、副主席、主席团委员名单

主　席

王东明

副主席

徐留平	孙菊生（兼）	杨宇栋
魏地春	吴秀章（兼）	

木合亚提·加尔木哈买提（兼，哈萨克族）

朱建平	马　璐（女）	林　怡（兼，女）
钟洪江	荀　坪（兼）	金善文
郭明义（兼）	巨晓林（兼）	高凤林（兼）

主席团委员（按姓氏笔画为序）

王　纯	王大南	王树芬(女,藏族)
王娇萍（女）	王曙群	庄稼汉
刘　忻	刘　强（回族）	刘小昶
刘伯鸣	刘雪荣	齐　静（女）
闫希军	李公乐	李庆忠

李忠运	李晓英（女，陕西）	何树山
邹　震	汪崇鲜	沈左权
张　迅（女）	张晓钦	张新武
张韶春	张黎明	陈　平
陈元春（女）	陈同庆	陈杰平
陈绿平	武　增（女）	范锐平
易　冉（女）	周　农	周　亮
郑志明	郑钢淼	赵　飞
赵俊民	胡　焯	秦少相
贾玉梅（女）	徐海荣	高晓春（女）
唐明英（女）	桑维亮	黄　峥
戚　红（女）	符金陵	韩　钧
程先东	蔡安辉	蔡淑敏（女）
潘　健	潘从明	魏国强

中华全国总工会第十八届执行委员会主席团书记处第一书记、书记名单

第一书记

徐留平

书　记

杨宇栋	魏地春	朱建平
马　璐（女）	钟洪江	金善文
邹　震	王娇萍（女）	张新武
潘　健（挂职）		

中华全国总工会第十八届经费审查委员会委员名单

（共40名）

（按姓氏笔画为序）

马　晖（回族）	马小力（女）	王　丹(女,北京)
王　芳（女，天津)	王小虎	王智栋
王毅梅（女）	孔繁新	卢明琪
付　尧	冯建华	任家龙
庄　勤（女）	齐金升	孙立冬（蒙古族）
李锋杰	何　清	何永浩
余　洁（女）	应朝晖	汪胜全
张　健（辽宁）	张西昶	张祖春
张福新	林世荣	岳琼英（女）
赵　强	徐真彦（女）	黄少峰
黄海华（广西）	韩树荣（女）	韩瑞碧（女）
曾传发	蔡安辉	臧朝晖
谭　博	谭斌凡	樊树森
魏　光		

中华全国总工会第十八届经费审查委员会主任、副主任、常务委员名单

主　任

蔡安辉

副主任

张西昶

常务委员（按姓氏笔画为序）

马　晖（回族）	王小虎	卢明琪
余　洁（女）	张祖春	张福新
徐真彦（女）	黄海华（广西）	臧朝晖
樊树森	魏　光	

贺　词

在中国工会第十八次全国代表大会上的贺词

（2023年10月9日）

共青团中央　阿　东

各位代表，同志们：

值此中国工会第十八次全国代表大会隆重开幕之际，我谨代表中国共产主义青年团中央委员会、中华全国妇女联合会、中国文学艺术界联合会、中国作家协会、中国科学技术协会、中华全国归国华侨联合会、中华全国台湾同胞联谊会、中国残疾人联合会，向大会的召开表示热烈的祝贺！向出席大会的全体代表，向全国广大职工和工会工作者致以诚挚的问候和崇高的敬意！

工人阶级是我国的领导阶级，是先进生产力和生产关系的代表，是坚持和发展中国特色社会主义的主力军。习近平总书记对工人阶级高度重视、殷切关怀，多次作出重要指示、提出明确要求，为工人阶级发展壮大指明了方向。党的十八大以来，在以习近平同志为核心的党中央坚强领导下，我国工人阶级以高度的主人翁责任感和强烈的历史使命感，在构建新发展格局中勇于担当，在推动高质量发展中冲锋在前，在打赢脱贫攻坚战中积极作为，在抗击新冠疫情中迎难而上，为全面建成小康社会建功立业，为实现中华民族伟大复兴中国梦奋斗奋进，用智慧和汗水营造了劳动光荣、知识崇高、人才宝贵、创造伟大的社会风尚，谱写了“中国梦·劳动美”的壮丽篇章，发挥了先进阶级的模范带头作用，展现出领导阶级的伟大力量。

中国工会是中国共产党领导的职工自愿结合的工人阶级群众组织，是党联系职工群众的桥梁和纽带，是社会主义国家政权的重要社会支柱，是会员和职工利益的代表。进入新时代，中国工会坚持以习近平新时代中国特色社会主义思想为指导，认真学习贯彻习近平总书记关于工人阶级和工会工作的重要论述，围绕保持和增强政治性、先进性、群众性，持续强化职工思想政治引领，团结引导职工群众听党话跟党走，深刻领悟“两个确立”的决定性意义，坚决做到“两个维护”；聚焦主责主业，坚决维护职工群众合法权益，积极构建和谐劳动关系，竭诚服务好职工群众；扎实推进产业工人队伍建设改革，加强技术技能培训，推动建设宏大的知识型、技能型、创新型劳动大军；突出做好新就业形态劳动者、农民工、城市困难职工等重点群体的精准帮扶服务工作，坚决维护职工队伍和谐稳定和工会组织团结统一；大力弘扬劳模精神、劳动精神、工匠精神，努力营造劳动最光荣、劳动最崇高、劳动最伟大、劳动最美丽的社会风尚；着力深化工会改革创新，不断健全工会工作体系，持续提高服务能力和素质，努力把工会组织建设得更加充满活力、更加坚强有力。

党的二十大擘画了全面建设社会主义现代化国家、全面推进中华民族伟大复兴的宏伟蓝图。当前，全党全国各族人民正在深入学习贯彻习近平新时代中国特色社会主义思想和党的二十大精神，为完成党的二十大确定的各项目标任务努力奋斗。中国工会第十八次全国代表大会是我国工人阶级和中国工会在党的领导下迈上新征程的重要起点，是全国广大职工和工会工作者政治生活中的一件大事，必将有力推动我国工人阶级和中国工会切实肩负起新时代新征程党赋予的使命任务，坚定方向、奋发有为，用实际行动汇聚起万众一心、众志成城的磅礴力量，在强国建设、民族复兴的历史进程中争当先锋、再立新功，创造更加辉煌的业绩。

群团事业是党的事业的重要组成部分，群团工作是党的一项十分重要的工作。长期以来，在党的领导下，各群团组织相互支持、密切协作，共同做好党的群团工作，为推进中国特色社会主义事业作出了不懈努力。以习近平同志为核心的党中央高度重视群团工作，召开党的历史上第一次中央党的群团工作会议，为推动新时代群团事业改革发展指明了方向。奋进新征程，我们要始终坚持以习近平新时代中国特色社会主义思想为指导，不断深化对党的理论创新的规律性认识，坚定不移走中国特色社会主义群团发展道路，引导广大群团干部和所联系群众更加深刻领悟“两个确立”的决定性意义，增强“四个意识”、坚定“四个自信”、做到“两个维护”，自觉在思想上政治上行动上同以习近平同志为核心的党中央保持高度一致。我们要始终发扬优良传统，发挥各自优势，围绕中心、服务大局，找准群团工作切入点、结合点、着力点，带领所联系群众为中国式现代化建设挺膺担当。我们要始终坚持人民至上，想群众所想、急群众所急，竭尽全力为群众排忧解难。我们要始终深化自身改革和建设，不断保持和增强政治性、先进性、群众性，建设联系广泛、服务群众的群团工作体系，更好发挥党联系群众的桥梁和纽带作用，共同谱写新时代党的群团工作新篇章。

各位代表、同志们，让我们更加紧密地团结在以习近平同志为核心的党中央周围，高举中国特色社会主义伟大旗帜，全面贯彻习近平新时代中国特色社会主义思想和党的二十大精神，为奋进新征程凝心聚力、顽强拼搏，为全面建设社会主义现代化国家、全面推进中华民族伟大复兴而团结奋斗！

预祝中国工会第十八次全国代表大会圆满成功！

在中国工会第十八次全国代表大会上的贺词

（2023 年 10 月 9 日）

中央军委政治工作部　苗　华

各位代表，同志们：

值此中国工会第十八次全国代表大会胜利召开之际，我谨代表中国人民解放军和中国人民武装警察部队，向大会的召开表示热烈祝贺！向出席大会的各位代表，向全国广大职工和工会工作者，致以崇高的敬意！

长期以来，在中国共产党的领导下，我国工人阶级和广大劳动群众充分发挥主力军作用，与祖国同成长、与时代齐奋进，创造了一个又一个奇迹。进入新时代，在以习近平同志为核心的党中央坚强领导下，我国工人阶级牢记初心使命、发扬优良传统，自觉做习近平新时代中国特色社会主义思想的坚定信仰者、忠实实践者，用智慧和汗水谱写了“中国梦·劳动美”的崭新篇章，为如期打赢脱贫攻坚战，完成全面建成小康社会的历史任务，实现第一个百年奋斗目标，作出了彪炳史册的重大贡献。

中国工会作为党联系职工群众的桥梁和纽带，作为社会主义国家政权的重要社会支柱，作为会员和职工利益的代表，坚持以习近平新时代中国特色社会主义思想为指导，深入学习贯彻习近平总书记关于工人阶级和工会工作的重要论述，团结引导亿万职工群众深刻领悟“两个确立”的决定性意义，坚决做到“两个维护”，大力弘扬劳模精神、劳动精神、工匠精神，深化产业工人队伍建设改革，积极推动构建和谐劳动关系，用心用情做好维权服务工作，全面深化自身改革和建设，各项工作取得新的显著成绩，在中国工运史上续写了新的时代华章。

党的十八大以来，党中央、中央军委和习主席着眼于实现中华民族伟大复兴的中国梦，确立党在新时代的强军目标，引领中国特色强军之路越走越宽广。军民团结是我们赢得胜利的强大政治优势。强军事业取得历史性成就、发生历史性变革，离不开亿万职工群众和各级工会组织的热忱关心和大力支持，强军丰碑上深深镌刻着中国工人阶级和中国工会的光辉业绩！新时代新征程，我们将携手工会组织和亿万职工群众，汇聚推进强国强军的磅礴力量，巩固提高一体化国家战略体系和能力，实现建军一百年奋斗目标，开创国防和军队现代化新局面。

让我们更加紧密地团结在以习近平同志为核心的党中央周围，全面贯彻习近平新时代中国特色社会主义思想，坚定信心、同心同德，埋头苦干、奋勇前进，为全面建设社会主义现代化国家、全面推进中华民族伟大复兴而团结奋斗！

预祝中国工会第十八次全国代表大会圆满成功！

重要新闻报道

总书记这样礼赞劳动创造

“人类是劳动创造的，社会是劳动创造的”；

“人民创造历史，劳动开创未来”；

“人世间的一切幸福都需要靠辛勤的劳动来创造”；

“劳动模范是民族的精英、人民的楷模，是共和国的功臣”；

“劳动最光荣、劳动最崇高、劳动最伟大、劳动最美丽”；

“劳模精神、劳动精神、工匠精神是以爱国主义为核心的民族精神和以改革创新为核心的时代精神的生动体现，是鼓舞全党全国各族人民风雨无阻、勇敢前进的强大精神动力”；

…………

党的十八大以来，习近平总书记深情礼赞劳动创造，讴歌劳模精神、劳动精神、工匠精神，引领推动全社会弘扬劳动光荣、技能宝贵、创造伟大的时代风尚，凝聚起亿万劳动群众团结奋进的强大力量，创造了新时代中国特色社会主义的伟大成就，推动我国迈上全面建设社会主义现代化国家新征程。

汗水浇灌收获，实干笃定前行。迈步新征程，焕发出更为强烈的历史自觉和主动精神的中国人民，正紧紧依靠劳动创造扎实推进中国式现代化，努力用自己的双手创造更加美好的未来。

“全社会都应该尊敬劳动模范、弘扬劳模精神”

“看到来信，我想起了十年前同大家在车间交流的情景。”

今年9月1日，习近平总书记给中国航发黎明发动机装配厂“李志强班”职工的回信，令59岁的全国劳动模范、全国技术能手李志强心潮澎湃。“总书记叮嘱我们要弘扬劳模精神、工匠精神，我们一直深深铭刻在心中，成为我们攻坚克难、砥砺奋进的力量源泉。”

殷殷嘱托，催人奋进。十年来，“李志强班”人人铆足了劲，累计实现工艺创新126项，自行研制工装工具312件，申报发明专利50余项，先后解决科研装配技术难题52项。

劳动模范是劳动群众的杰出代表，是最美的劳动者。习近平总书记对劳动模范始终怀着最真挚的敬意。

“今天我们看到群星灿烂，不同历史时期的代表人物都在这里了……一切都历历在目，我们这些人都是经历者、见证者。看到大家，对劳模肃然起敬，尊重知识、尊重劳动的情怀油然而生。”

2013年4月28日，中华全国总工会机关一间普通的会议室里，习近平总书记同来自全国各地不同行业、不同历史时期的65名劳模代表欢聚谈心，共庆“五一”，真挚的话语，从小小会议室传遍神州大地。

听了新中国第一位女拖拉机手梁军老人的发言，习近平总书记说：“你的事迹，我们这个年龄的人都知道。中国第一位女拖拉机手，你是很了不起。”

“了不起”，质朴的三个字，透出习近平总书记对劳动模范的尊崇之情。

开劳模会，戴大红花，是新中国几代人对“劳动光荣”的美好记忆。

“劳动模范和先进工作者是坚持中国道路、弘扬中国精神、凝聚中国力量的楷模，他们以高度的主人翁责任感、卓越的劳动创造、忘我的拼搏奉献，为全国各族人民树立了学习的榜样。”2015 年 4 月 28 日，在庆祝“五一”国际劳动节暨表彰全国劳动模范和先进工作者大会上，习近平总书记的一席话，成为新时代对劳动者的崇高礼赞。

在我们党团结带领人民进行革命、建设、改革各个历史时期，劳动模范始终是一个闪光的群体：从社会主义建设时期的“铁人”王进喜、“两弹元勋”邓稼先，到改革开放历史新时期的“知识工人”邓建军、“白衣圣人”吴登云，再到新时代的在悬崖绝壁上开凿出“生命渠”的黄大发、“深海钳工”管延安……一代又一代劳动模范以创造、创新、创业的激情，谱写着“换了人间”的动人篇章。共和国的史册上，镌刻着他们的荣光。

步入新时代，从港珠澳大桥、白鹤滩水电站、“华龙一号”核电机组等重大工程，到“嫦娥”探月、“蛟龙”深潜、“北斗”组网等科技奇迹，再到污染防治、精准脱贫等攻坚战役，经济社会发展的各条战线，都留下了劳动模范奋进的足迹和辛勤的汗水。

“桥吊作业，好比空中‘穿针引线’！”浙江宁波舟山港，40 多米高空，全国劳动模范竺士杰带领班组，又快又准完成集装箱装卸。

2020 年 3 月 29 日，习近平总书记到这里考察。“总书记叮嘱我要发挥好劳模作用，带出更多的劳模。”这份嘱托，让竺士杰浑身是劲儿。

3 年过去，“竺士杰桥吊操作法”升级为 4.0 版本，“竺士杰创新工作室”培训 3000 多名桥吊司机，团队中走出一批以省劳模领衔的高技能人才。

1 微米有多细？一根头发丝的 1/60！

而全国劳动模范、无锡微研股份有限公司高级技师陈亮的拿手绝活就是：把模具精度控制在 1 微米之内。“再仔细一点点，离 1 微米的精度就能更近一点点！”为了更好应对每一次挑战，陈亮为自己立下了这样一条工作准则。

…………

新时代是奋斗者的时代，劳动模范是最美的奋斗者。

习近平总书记深刻阐释劳模精神：“在长期实践中，我们培育形成了爱岗敬业、争创一流、艰苦奋斗、勇于创新、淡泊名利、甘于奉献的劳模精神”。

“爱岗敬业、争创一流”，体现的是劳动模范的本色和追求；“艰苦奋斗、勇于创新”，体现的是劳动模范的作风与品质；“淡泊名利、甘于奉献”，体现的是劳动模范的境界与修为。劳模精神继承并发展了中华优秀传统文化中的劳动观念，是马克思主义劳动观的生动体现。

伟大时代呼唤伟大精神，崇高事业需要榜样引领。劳模精神作为社会主义先进文化的重要组成部分，生动诠释了社会主义核心价值观，丰富了民族精神和时代精神的内涵，是我们极为宝贵的精神财富。

尊重劳动模范、弘扬劳模精神，总书记念兹在兹——

“大力弘扬劳模精神，充分发挥工人阶级主人翁作用，维护好职工群众合法权益，积极构建和谐劳动关系”；

“全社会都应该尊敬劳动模范、弘扬劳模精神，让诚实劳动、勤勉工作蔚然成风”；

“全国各族人民都要向劳模学习，以劳模为榜样，发挥只争朝夕的奋斗精神，共同投身实现中华民族伟大复兴的宏伟事业”；

…………

在习近平总书记的号召下，全国各地以崇高礼遇褒奖、致敬劳模先进。近5年来，全国总工会共表彰全国五一劳动奖状926个、五一劳动奖章4026名、工人先锋号4119个，带动各级工会选树宣传劳动模范，唱响新时代劳动者之歌。

这些隆重的表彰，是对劳动模范的热情褒奖，更是对劳模精神的大力弘扬，传递的是习近平总书记和党中央对劳动模范和先进工作者的深情关爱。

社会主义是干出来的，新时代是奋斗出来的。如今，全社会崇尚劳模、学习劳模、争当劳模、关爱劳模，劳动模范日益成为全社会最闪耀的群体之一；“劳模创新工作室”遍布全国各地，示范带领各行各业用辛勤劳动、诚实劳动、创造性劳动推动高质量发展。

“只要踏实劳动、勤勉劳动，在平凡岗位上也能干出不平凡的业绩”

铲土造坑、培土围堰、提水浇灌……今年4月，习近平总书记冒雨来到位于北京市朝阳区东坝中心公园的植树点，一边劳动，一边教孩子们种树的方法，叮嘱他们从小要热爱劳动，做到德智体美劳全面发展。

党的十八大以来，每年春天，习近平总书记都参加义务植树活动，和群众一起挥锹劳动。

“一下车就拿把铁锹扛在肩头，谈笑风生地朝我们走来。”“总书记一看就是干农活的老把式。”一起植树的群众倍感温暖亲切。

一张老照片，同样温暖人心。那是1989年，时任宁德地委书记的习近平同志，带领地直机关干部参加义务劳动，脸上带着微笑，一把锄头扛肩上，大步走在田埂上。

岁月悠悠，本色不改。

一路走来，习近平总书记对劳动的深刻理解一以贯之，对劳动人民的深厚感情坚定不移。

“我们的根扎在劳动人民之中。”从躬耕基层到领航中国，习近平总书记始终保持劳动者本色，始终坚持“站在最大多数劳动人民的一面”，同劳动人民站在一起、想在一起、干在一起。

甘肃古浪县八步沙林场，拿起一把开沟犁，参与到治沙劳动中；

黄河入海口，俯身摘豆荚，一撮一捻，顺手将一颗大豆放进嘴里，细细咀嚼：“豆子长得很好”；

中原大地上，托起麦穗看灌浆，对老乡亲切地说“我们都是种庄稼出身”；

北京草厂胡同，和街坊四邻团团围聚包饺子；

湘西柚子林，熟练地帮村民摘下柚子；

…………

从劳动人民中间走出来的人民领袖，深知“民生在勤，勤则不匮”，多次勉励大家，“只要踏实劳动、勤勉劳动，在平凡岗位上也能干出不平凡的业绩”“无论从事什么劳动，都要干一行、爱一行、钻一行”。

2022年北京冬奥会开幕式上，一面五星红旗在100多位普通中国人手中传递，其中，就有作为“快递小哥”代表的刘阔。

2019年春节前夕，北京前门石头胡同快递站点，刘阔和同事们遇到了前来看望他们的习近平总书记。

听说大家年三十才能回家，总书记说，“快递小哥”工作很辛苦，起早贪黑、风雨无阻，越是节假日越忙碌，像勤劳的小蜜蜂，是最辛勤的劳动者，为大家生活带来了便利。

“我一直牢记着总书记的话，努力做一只勤劳的小蜜蜂。”回想起总书记亲切的话语，刘阔心里仍然感到无比温暖。

劳动底色，铸就为民本色。习近平总书记强调：“必须牢固树立劳动最光荣、劳动最崇高、劳动最伟大、劳动最美丽的观念，让全体人民进一步焕发劳动热情、释放创造潜能，通过劳动创造更加美好的生活。”

推动崇尚劳动在全社会蔚然成风，必须造福劳动者，让他们感到光荣，得到社会尊重。

工人阶级和广大劳动群众的急难愁盼、安危冷暖，习近平总书记一直挂在心间。河北阜平庄稼院，与困难群众手拉手，一起算脱贫账、增收账，叮嘱“一定要想方设法尽快让乡亲们过上好日子”；北京地铁工地上，给钢筋工范勇的女儿送上一只粉色书包，强调“要安排好他们在节日期间的生活”……

党的十八大以来，习近平总书记一次次来到基层一线劳动者中间，问冷暖、听疾苦、鼓干劲，崇尚劳动、尊重劳动者的佳话为人称颂。

从深入基层考察调研，到主持召开相关会议，习近平总书记始终十分关注劳动者权益保障问题——

“农民工是改革开放以来涌现出的一支新型劳动大军，是建设国家的重要力量，全社会一定要关心农民工、关爱农民工”；

“关注一线职工、农民工、困难职工等群体，完善制度，排除阻碍劳动者参与发展、分享发展成果的障碍，努力让劳动者实现体面劳动、全面发展”；

“要完善多渠道灵活就业的社会保障制度，维护好卡车司机、快递小哥、外卖配送员等的合法权益”；

…………

紧紧依靠人民，始终为了人民。习近平总书记从人民立场出发，深刻阐释劳动精神的科学内涵：“崇尚劳动、热爱劳动、辛勤劳动、诚实劳动”。

回望新时代的辉煌成就，我们完成脱贫攻坚、全面建成小康社会的历史任务，实现第一个百年奋斗目标。历史前进的每一次跨越，无不凝结着亿万劳动群众的实干和奋斗。

去年10月，党的二十大后首次出京考察期间，习近平总书记来到河南安阳林州红旗渠。

1960年至1969年，10万林县儿女筚路蓝缕、苦干实干，在太行山上修成一座全长1500公里的人间天渠，树起一座跨越时空的精神丰碑。

“社会主义是拼出来、干出来、拿命换来的，不仅过去如此，新时代也是如此。”习近平总书记语重心长地说。

劳动最核心的底蕴，是实干、奋斗。习近平总书记指出：“劳动是推动人类社会进步的根本力量……我们说‘空谈误国，实干兴邦’，实干首先就要脚踏实地劳动。”

“劳动创造了中华民族，造就了中华民族的辉煌历史，也必将创造出中华民族的光明未来。”

放眼中华大地，在稻浪翻滚的田野中，在钢花四溅的厂房里，在物流畅达的道路上，在安静整洁的科研院所……广大劳动群众牢记嘱托，在各自岗位上谱写新时代的劳动者之歌，用伟大劳动创造，推动时代车轮滚滚向前。

“培养更多高素质技术技能人才、能工巧匠、大国工匠”

“大国工匠，国家就需要你这样的人。”

2021年6月29日，北京人民大会堂“七一勋章”颁授现场，习近平总书记的一句话，让“好焊工”艾爱国铭记于心。

工作50多年，靠一把焊枪，艾爱国不断追求卓越，攀登技术高峰。“当工人就要当个好工人”，这是艾爱国的职业信条。他说，勤钻研想方法，从焊接高手成为焊接工艺高手，才算真正的好焊工。

劳动者素质对一个国家、一个民族发展至关重要。当今世界，综合国力的竞争归根到底是人才的竞争、劳动者素质的竞争。

“中国具有社会主义市场经济的体制优势、超大规模市场的需求优势、产业体系配套完整的供给优势、大量高素质劳动者和企业家的人才优势。”今年8月，国家主席习近平在向约翰内斯堡金砖国家工商论坛闭幕式发表致辞时指出。

中国式现代化是人口规模巨大的现代化，人口高质量发展支撑中国式现代化。

党的十八大以来，习近平总书记始终对建设高素质劳动大军高度重视，强调“当代工人不仅要有力量，还要有智慧、有技术，能发明、会创新，以实际行动奏响时代主旋律”，深刻阐释工匠精神的科学内涵：“执着专注、精益求精、一丝不苟、追求卓越”，号召全社会弘扬工匠精神。

2022年4月27日，首届大国工匠创新交流大会隆重开幕。

这是一场致敬劳模工匠、交流创新成果、提升职工技能素质的盛会。

习近平总书记向大会发来贺信，强调“技术工人队伍是支撑中国制造、中国创造的重要力量”，我国工人阶级和广大劳动群众要“勤学苦练、深入钻研，勇于创新、敢为人先，不断提高技术技能水平”。

“要在全社会弘扬精益求精的工匠精神，激励广大青年走技能成才、技能报国之路”；

“造就一支有理想守信念、懂技术会创新、敢担当讲奉献的宏大产业工人队伍”；

“增强职业教育适应性，加快构建现代职业教育体系，培养更多高素质技术技能人才、能工巧匠、大国工匠”；

“弘扬劳模精神、工匠精神，努力攻克更多关键核心技术”；

…………

一次次重要讲话和指示批示，饱含着习近平总书记对技术工人队伍的深切关心；到地方考察调研，总书记也常常走进车间班组，看望慰问劳动群众，询问生产生活状况，指明发展进步方向。

今年4月，习近平总书记在广东考察时来到广汽研究院，同来自各个方面的代表亲切交流。他们中有参与北斗芯片研制的高级工程师，有致力于把西藏的太阳能发电输送到粤港澳大湾区的科技人员，有参与过新型航母等焊接工程的大国工匠……

大家踊跃发言，习近平总书记凝神倾听。总书记语重心长地说：“经济要持续发展，不要大起大落。这里面很重要的就是科技、教育、人才。”

大时代，大舞台。产业技术工人的技能成才、技能报国之路，正越走越宽广。

“你的职称走的是哪个序列?”习近平总书记参加党的二十大广西代表团讨论时，询问坐在对面、身着车间工服的郑志明。

郑师傅向总书记汇报：“咱们国家出台了打破天花板的政策，我刚评上特级技师，还评上了高级工程师。党的政策让我们职高毕业的工人，也有了好出路。这是过去想都没有想到的。”

作为一名钳工，郑志明在一线干了20多年，在与钢铁“对话”中练就了精湛技艺，对零部件的加工精度可以控制在0.002毫米。

郑志明从钳工学徒成长为大国工匠的这些年，也正是中国发展成为制造大国、加快迈向制造强国的时代，一大批技术工人成为时代的弄潮儿。

党的二十大代表邓建军，从一名中专生成长为世界纺织机械领域的专家型工程师、国家级技能大师，被誉为中国“知识型产业工人的领跑者”；

全国人大代表周颖峰，从一名普通数控车工干起，依靠过硬的技术实力，成长为一名数控车工高级技师、全国技术能手；

…………

无数产业工人在浩浩荡荡的时代大潮中，心中怀有梦想、脚下充满力量、肩上扛起担当，发扬工匠精神，做新时代奋斗者，成就人生精彩。

截至目前，我国技能劳动者超过2亿人，占就业人口总量的26%；高技能人才已超过6000万人，占技能劳动者的30%，成为中国制造、中国创造的中坚力量。

“我们这些年一步一个脚印，真正在添砖加瓦建设中国特色社会主义现代化强国大厦的人，他们都是值得我们尊敬的。而且我们要思考和研究怎么去培养他们、发挥他们的作用，这个才是重要的。”习近平总书记掷地有声的话语，温暖了广大产业工人的心。

咱们工人有力量！历史证明，我国工人阶级从来都具有走在前列、勇挑重担的光荣传统，工人阶级和广大劳动群众始终是推动我国经济社会发展、维护社会安定团结的根本力量。

“希望广大劳动群众大力弘扬劳模精神、劳动精神、工匠精神，诚实劳动、勤勉工作，锐意创新、敢为人先，依靠劳动创造扎实推进中国式现代化，在强国建设、民族复兴的新征程上充分发挥主力军作用。”今年“五一”国际劳动节到来之际，习近平总书记向全国广大劳动群众致以节日的祝贺和诚挚的慰问。

劳动创造幸福，实干成就伟业。新征程上，亿万劳动群众牢记总书记嘱托，大力弘扬劳模精神、劳动精神、工匠精神，进一步焕发劳动热情、释放创造潜能，必将凝聚起强国建设、民族复兴的磅礴力量。

（《人民日报》2023年10月9日）

在强国建设、民族复兴的新征程上充分发挥主力军作用

——热烈祝贺中国工会第十八次全国代表大会开幕

今天，中国工会第十八次全国代表大会在京隆重开幕。这对于团结动员亿万职工依靠劳动创造扎实推进中国式现代化，在强国建设、民族复兴的新征程上充分发挥工人阶级主力军作用，具有重大意义。我们对大会的召开表示热烈祝贺！

劳动创造幸福，实干成就伟业。党的十八大以来，以习近平同志为核心的党中央团结带领亿万人民迎难而上、砥砺前行，创造了新时代的伟大成就，中华民族迎来了从站起来、富起来到强起来的伟大飞跃。我国工人阶级在党的领导下，以高度的主人翁意识、高昂的劳动热情和忘我的奉献精神，积极投身新时代中国特色社会主义伟大实践，在实现中国梦伟大进程中拼搏奋斗、争创一流、勇攀高峰，发挥了重要作用，作出了突出贡献。实践充分证明，我国工人阶级不愧是中国共产党最坚实最可靠的阶级基础，不愧是我们社会主义国家的领导阶级，不愧是先进生产力和生产关系的代表，不愧是坚持和发展中国特色社会主义的主力军。

工会是党领导的工人阶级群众组织，是党联系职工群众的桥梁和纽带，是社会主义国家政权的重要社会支柱。新时代以来，习近平总书记围绕工人阶级和工会工作发表了一系列重要论述，科学回答了一系列方向性、根本性、战略性重大问题，

为新时代工运事业和工会工作创新发展指明了前进方向、提供了根本遵循。中国工会十七大以来，各级工会坚持以习近平新时代中国特色社会主义思想为指导，深入贯彻习近平总书记关于工人阶级和工会工作的重要论述，组织动员广大职工建功立业，做好维权服务工作，推进工会系统自身改革，深化产业工人队伍建设改革，全面加强工会系统党的建设，取得了新的显著成效，工会在党和国家工作大局中的作用进一步彰显。

党的二十大擘画了全面建设社会主义现代化国家、以中国式现代化全面推进中华民族伟大复兴的宏伟蓝图，明确了新时代新征程党和国家事业发展的目标任务。习近平总书记强调，“我们的现代化既是最难的，也是最伟大的”“无论时代条件如何变化，我们始终都要崇尚劳动、尊重劳动者，始终重视发挥工人阶级和广大劳动群众的主力军作用”。全面建设社会主义现代化国家，符合全国各族人民根本利益和共同愿望。自觉做中国特色社会主义的坚定信仰者、忠实实践者，把党和国家确定的奋斗目标作为自己的人生目标，大力弘扬劳模精神、劳动精神、工匠精神，我国工人阶级一定能以不懈奋斗书写新时代华章。引导广大职工群众听党话、跟党走，巩固党执政的阶级基础和群众基础，是工会组织的政治责任。坚持党对工会工作的领导，坚定不移走中国特色社会主义工会发展道路，认真履行维护职工合法权益、竭诚服务职工群众的基本职责，构建联系广泛、服务职工的工会工作体系，努力提高工会工作能力和水平，一定能把广大职工凝聚在党的周围，为全面建设社会主义现代化国家贡献智慧和力量。

社会主义是干出来的，新时代是奋斗出来的。新征程是充满光荣和梦想的远征，没有捷径，唯有实干。让我们更加紧密地团结在以习近平同志为核心的党中央周围，全面贯彻习近平新时代中国特色社会主义思想，诚实劳动、勤勉工作，锐意创新、敢为人先，充分发挥主力军作用、充分激发劳动热情和创新创造活力，在强国建设、民族复兴的新征程上创造新的时代辉煌、铸就新的历史伟业。

（《人民日报》社论 2023 年 10 月 9 日）

书写新时代劳动创造的壮丽华章
——中国工会第十七次全国代表大会以来成就综述

劳动创造幸福，实干成就伟业。

党的十八大以来，以习近平同志为核心的党中央着眼巩固党长期执政的阶级基础和群众基础，坚持党对工会工作的领导，坚定不移走中国特色社会主义工会发展道路，高度重视和大力推进党的工运事业和工会工作，开创了新时代工运事业和工会工作新局面。

在以习近平同志为核心的党中央坚强领导下，各级工会认真学习贯彻习近平新时代中国特色社会主义思想特别是习近平总书记关于工人阶级和工会工作的重要论述，忠诚履职、担当作为，各项工作取得了重要进展和新的成效，在服务党和国家工作大局中发挥了积极作用。

加强思想政治引领，亿万职工群众听党话、跟党走的行动更加自觉

“工人阶级是我国的领导阶级，是先进生产力和生产关系的代表，是坚持和发展中国特色社会主义的主力军。”

“不论时代怎样变迁，不论社会怎样变化，我们党全心全意依靠工人阶级的根本方针都不能忘记、不能淡化，我国工人阶级地位和作用都不容动摇、不容忽视。”

“坚持和发展中国特色社会主义，必须全心全意依靠工人阶

级、巩固工人阶级的领导阶级地位，充分发挥工人阶级的主力军作用。”

…………

进入新时代，习近平总书记多次就工人阶级和工会工作发表重要讲话、作出重要指示，形成了习近平总书记关于工人阶级和工会工作的重要论述。殷殷嘱托，亲切话语，有力指引新时代党的工运事业和工会工作蓬勃发展，彰显出强大的真理力量和实践伟力。

全国总工会和各级工会坚持把深入学习贯彻习近平新时代中国特色社会主义思想作为首要政治任务，认真履行政治责任，加强职工思想政治引领，推动党的创新理论深入人心、主流思想舆论巩固壮大、社会主义核心价值观广泛传播，引导亿万职工群众坚定不移听党话、矢志不渝跟党走。

——党的创新理论深入人心，理想信念教育进一步常态化制度化。

“有人问我，获得这么多的荣誉，你还在爬电线杆吗？我回答：我会一直爬下去，一直站在一线，守护万家灯火。”不久前，全国劳动模范、贵州省劳模工匠宣讲团成员、南方电网贵州电网公司兴义供电局作业员龙福刚来到贵阳职业技术学院，与青年学生面对面交流，点亮高职院校学子的匠心梦。

今年6月，贵州省启动“劳模工匠宣讲党的创新理论”活动，龙福刚等一批劳模工匠结合自身实际，通过一个个鲜活的事例，以小切口呈现大主题，用家常话解读大道理，充分展示了学习党的创新理论和路线方针政策的实践成果，受到广泛欢迎。

这是近年来，各级工会组织创新打造职工思想政治引领工作品牌，组织开展有特色、接地气、入人心的宣传教育活动的一个缩影。

党的十八大以来，习近平总书记在多个场合强调加强思想政治引领的重要性，对工会履行政治责任、做好职工思想政治工作提出明确要求：

“引导职工群众听党话、跟党走，巩固党执政的阶级基础和群众基础，是工会组织的政治责任。”

“把思想政治工作贯穿所开展的各种活动，多做组织群众、宣传群众、教育群众、引导群众的工作，多做统一思想、凝聚人心、化解矛盾、增进感情、激发动力的工作。”

各地通过开展“守好红色根脉·班前十分钟活动”、“劳模工匠进校园　思政教师进企业”、劳模工匠宣讲团等活动，深入基层一线，引导各级工会干部和广大职工群众不断增进对党的创新理论的政治认同、思想认同、理论认同、情感认同。

——加强教育引导、实践养成和制度保障，推动社会主义核心价值观深入基层、扎根职工。

在2023年“最美职工”先进事迹发布仪式现场，一个个感人的故事让在场观众为之动容：

“成绩属于过去，我们要继续顽强拼搏、创新超越。”陈闽慷，中国航天科技集团有限公司第一研究院长征三号甲系列运载火箭总设计师，矢志不渝，长期致力于我国运载火箭研究和工程实践，创新运载火箭应用发射阶段的技术状态管理方法体系；

“盯准一个活儿，然后把它干到最好。”管益辉，中车青岛四方机车车辆股份有限公司加工中心操作工，带领团队建成国际领先的轴箱体柔性生产线，攻克了分体式轴箱体加工难题，实现动车轴箱体全面国产化；

“像雷锋一样忠诚组织、服务人民、奉献社会、干好工作，已经成为全体成员的共同价值追求。”“雷锋号”机车组 34 年来创造了沙漠铁路运输生产中机车保养第一、运行正点率第一、平稳操纵第一的佳绩……

5 年来，中央宣传部、全国总工会联合发布多批全国“最美职工”，他们在平凡岗位上创造出不平凡的业绩，生动诠释了劳动光荣、知识崇高、人才宝贵、创造伟大的社会风尚，引导广大职工做崇德向善的践行者、文明新风的推动者。

——进一步突出劳动光荣、工人伟大的鲜明导向，推动劳模精神、劳动精神、工匠精神在全社会蔚然成风。

“我是第一届全国劳动模范，1950 年，那时我才 21 岁。我为什么当劳动模范？我的梦想就是建设北大仓，现在这个梦想基本实现了。”

说这话的是时年 84 岁的梁军，新中国第一位女拖拉机手，她就是第三套人民币上女拖拉机手的原型。

2013 年 4 月 28 日，习近平总书记同全国劳动模范代表座谈。听了梁军老人的发言，总书记说：“你的事迹，我们这个年龄的人都知道。中国第一位女拖拉机手，你是很了不起。”

一句“很了不起”，不仅是对全国劳动模范、广大劳动者的真诚礼赞，更是对劳模精神、劳动精神、工匠精神的引领和褒扬。

劳动模范是民族的精英、人民的楷模，是共和国的功臣。劳模精神、劳动精神、工匠精神是以爱国主义为核心的民族精神和以改革创新为核心的时代精神的生动体现，是鼓舞全党全国各族人民风雨无阻、勇敢前进的强大精神动力。5 年来，全国总工会共表彰全国五一劳动奖状 926 个、五一劳动奖章 4026 名、工人先锋号 4119 个，弘扬劳动最光荣、劳动最崇高、劳动最伟大、劳动最美丽的社会风尚，唱响新时代劳动者之歌。

牢牢把握我国工人运动时代主题，激发职工群众奋发有为建功新时代

“我们的现代化既是最难的，也是最伟大的。从这个角度看，紧紧依靠工人阶级是必不可少的，工人阶级代表先进生产力。”

“我们这些年一步一个脚印，真正在添砖加瓦建设中国特色社会主义现代化强国大厦的人，他们都是值得我们尊敬的。”

2022 年 10 月 17 日，习近平总书记在参加党的二十大广西代表团讨论时语重心长、掷地有声的话语，温暖了产业工人的心。

“我坚信，有以习近平同志为核心的党中央坚强领导，中国式现代化道路必将越走越宽广，产业工人技能报国的舞台也会越来越宽广！”广西汽车集团有限公司首席技能专家郑志明当面向总书记作了汇报，兴奋之情溢于言表。

产业工人是工人阶级中发挥支撑作用的主体力量。2017 年 2 月 6 日，习近平总书记主持召开中央全面深化改革领导小组第三十二次会议，会议审议通过《新时期产业工人队伍建设改革方案》。这是习近平总书记亲自点题、亲自部署、亲自指导的一项重大改革。《新时期产业工人队伍建设改革方案》从 5 个方面提出 25 条改革举措，涉及产业工人思想引领、技能提升、作用发挥、支撑保障等方面的政策措施，为推进产业工人队伍建设提供了重要保障。全国总工会牵头抓总，聚焦重点任务，深入

推进改革，产业工人推动高质量发展的主力军作用充分体现。

——劳动和技能竞赛提档升级，产业工人以赛促学、比学赶超，为国家建设作出了重要贡献。

抄平、放线、立皮数杆、摆砖撂底、盘角、挂线、砌砖勾缝……2018年，在第六届全国职工职业技能大赛中，中建七局总承包公司砌筑工许纪平荣获砌筑工冠军。领奖时刻，只有他最懂得成功背后的艰辛：晚上别人都睡了，他还拎着瓦刀、拿着砖头一遍一遍练习，光抹灰一项就练习了数百遍……

此后几年，许纪平相继荣获“全国技术能手”“全国五一劳动奖章”“最美职工”等荣誉。但许纪平没有沾沾自喜，他清醒地认识到“还要花功夫把砌筑技能做好做精，变成新时代的知识型、智慧型工人”。

据统计，截至2021年，我国农民工达到2.9亿人，是产业工人的主体。作为其中的一分子，许纪平的职业生涯因为产业工人队伍建设改革实现了新的飞跃，被中建七局破格吸收为自有员工，领衔成立了许纪平创新工作室和数字小镇项目创新工作室联盟，先后实现技术革新10余项，已获得受理发明专利5项、受理实用新型专利27项。

2020年，中建七局作为河南省深化产业工人队伍建设改革试点单位，进一步细化了建筑产业工人技能培训体系。许纪平如今已经成为中建七局工匠学院院长，承担起5个工种、9000余名建筑工人的教育培训任务。

在全国，更多工匠学院如雨后春笋。全国各级工会已建设工匠学院360家，在提升职工技能水平、培养高技能人才方面发挥了重要作用。

五年来，全国参加基层以上工会组织技能比赛的职工累计

1.09亿人次，基层以上工会组织技术培训班26.1万次，参加培训职工1844.2万人次，一批具有劳动热情和创造潜能的技术人才脱颖而出。

——加大对一线技术工人创新创造的支持力度，职工技术技能素质不断提升。

“汽车顶盖用机器抓取，需要注意哪些细节？”机器轰鸣的车间里，陕西汽车控股集团有限公司焊接工艺技术员牛黎平扯着嗓门，跟生产线上的工人一边比划一边交流。

“吃人嚼过的馍没味儿。如果只是在过去的技术水平上打转转，我们的产品就无法进步。”牛黎平怀揣着“让中国的重卡汽车制造真正强起来”的梦想，全身心扎进了提高制造工艺的车间一线。

近年来，牛黎平及其团队研发了20余项自动化装备，其中有10余项获得国家专利，让重卡汽车日益轻量化、智能化。他主导研发的全自动前围多阶钻孔工装设备，让汽车前围板的打孔时间从60秒缩短到10秒；研发的车门铰链焊接加强板挡住了浓烟和强光，消除了工人的健康安全隐患。

技术工人队伍是支撑中国制造、中国创造的重要力量。全国总工会加大对一线技术工人创新创造的支持力度，广泛开展“小发明、小创造、小革新、小设计、小建议”等“五小”群众性创新活动，引导激励职工立足岗位创新创造。五年来，已建工会企事业单位所覆盖职工共提出合理化建议3991万件，开展技术革新226.7万项。

——进一步叫响做实大国工匠品牌，大国工匠示范带动作用充分发挥。

“大国工匠，国家就需要你这样的人。”

2021 年 6 月 29 日，北京人民大会堂“七一勋章”颁授现场。习近平总书记的一句话让湖南华菱湘潭钢铁有限公司焊接顾问艾爱国终生难忘。

艾爱国最擅长的是焊紫铜，这是让很多焊工都望而却步的领域。紫铜在 1000 摄氏度时的导热系数比钢高 10 多倍，焊接一个地方要把整个铜件加热到七八百摄氏度，人很难接近。而艾爱国手中的焊枪，不仅能游刃有余地在紫铜锅炉里“修补缝纫”，还能在眼镜架上“引线绣花”、给大型装备“把脉问诊”……半个多世纪以来，他凭借高超的技术为我国冶金、矿山、机械、电力等行业攻克技术难关 400 多个。

匠心筑梦，技能报国。一把焊枪，诠释了艾爱国对焊接技术精益求精、孜孜不倦的追求，也见证了我国技能人才的成长与进步。

5 年来，全国总工会举办两届大国工匠创新交流大会、大国工匠论坛，新命名 100 家全国示范性劳模和工匠人才创新工作室，选树技能带头人（“金牌工人”“首席技师”“首席员工”）188.3 万人次，广大职工技术技能素质不断提升。

——产业工人队伍建设改革持续走深走实，越来越多产业工人走技能成才、技能报国之路。

程军是有研科技集团所属的有研稀土的一名操作工，从事稀土火法冶金工作 20 多年。多年的经验积累，让程军拥有了一双“火眼金睛”：通过肉眼可以辨别火法冶金时的温度变化，从而拿捏浇铸的最佳时机。

2020 年，在《新时期产业工人队伍建设改革方案》出台 3 年后，程军成为有研稀土高纯稀土金属材料创新工作室的首位主任。他带领工作室的 14 名成员与黄小卫院士工作站建立“站室联盟”，聚焦“卡脖子”领域和技术，结合院士工作站的科技开发能力和创新工作室的精湛操作技术，实现产学研结合，形成科研支撑产业、产业反哺科研的良性循环。

产业工人队伍建设改革以来，各级工会推动构建产业工人技能形成体系和激励机制，搭建产业工人成长平台，推动完善现代职业教育制度、职业发展制度，畅通技术工人成才通道，加大产业工人职业技能培训力度。2018 年以来，全国五一劳动奖章表彰中产业工人比例均超过 40%。

坚持以职工为中心的工作导向，广大职工获得感幸福感安全感显著提升

“工会要坚持以职工为中心的工作导向，抓住职工群众最关心最直接最现实的利益问题，认真履行维护职工合法权益、竭诚服务职工群众的基本职责”。

“‘快递小哥’工作很辛苦，起早贪黑、风雨无阻，越是节假日越忙碌，像勤劳的小蜜蜂，是最辛勤的劳动者，为大家生活带来了便利。”

“要完善多渠道灵活就业的社会保障制度，维护好卡车司机、快递小哥、外卖配送员等的合法权益。”

习近平总书记一直牵挂着工人阶级和广大劳动群众的急难愁盼、安危冷暖，常常在基层一线、街道社区与一线职工、普通劳动者亲切交流、嘘寒问暖。

总书记的牵挂，职工群众的期待，就是工会的职责所在、使命所在。5 年来，全国总工会坚持以职工为中心的工作导向，围绕满足职工群众需求，认真履行维护职工合法权益、竭诚服务职工群众的基本职责，努力为职工提供更多可感可知、可达

可得的贴心服务，广大职工获得感幸福感安全感显著提升。

——新就业形态劳动者等重点群体维权服务扎实有效。

住宿 50 元一张床、吃饭 15 元一顿餐、免费供应热水……窗明几净的新都桥雪域高原货车司机之家，位于四川省甘孜藏族自治州康定市汽车服务园区 A 区，自投入运行以来深受司机们的好评，成为他们停靠的网红打卡点。这是四川省总工会优化关爱服务供给、织密新就业形态工会组织网的一个生动缩影。

随着新技术新业态快速发展，我国职工队伍结构发生深刻变化，工会组织面临的工作对象更加多元。2018 年，全国总工会启动货车司机入会集中行动试点工作，并以此为牵引，大力推进货车司机、快递员等八大群体入会，2018 年至 2020 年，全国新发展八大群体会员 874.3 万人。推行“重点建、行业建、兜底建”模式，2021 年至 2023 年上半年新增新就业形态劳动者会员 1227 万人。与此同时，基层工会规范化建设大力加强，加强以乡镇（街道）、开发区（工业园区）工会为重点的“小三级”工会建设，积极推行网上申请入会、集体登记入会等方式，扩大工会组织有效覆盖。

围绕加大新就业形态劳动者权益保障力度，全国总工会等部门联合印发《关于维护新就业形态劳动者劳动保障权益的指导意见》，将新就业群体纳入劳动保障基本公共服务范围；发布《深入推进新就业形态劳动者工会工作三年行动计划（2023—2025 年）》，明确提出 2023 年至 2025 年，平均每年新发展新就业形态劳动者会员 300 万人以上。

——困难职工帮扶力度不断加大，成效显著。

广东省江门市新会区困难职工刘先生一家五口，妻子患尿毒症，3 名子女正在求学阶段，家庭所有支出均由刘先生一人负担。新会区总工会通过开展“金秋助学”活动，为刘先生家3名子女发放助学金共1.1万元，缓解了刘先生一家的生活压力。

5年来，各级工会累计筹集帮扶资金185亿元，开展专项帮扶2449万人次，构建起困难职工帮扶的多重保障线。推进工会帮扶工作与社会救助体系衔接，加强与民政部等相关部门的数据比对和信息共享，构建起层次清晰、各有侧重、有机衔接的常态化梯度帮扶长效机制。开展“两节”送温暖活动，筹集资金218.7亿元，慰问职工4250.6万人次。

——积极推动构建和谐劳动关系，职工劳动经济权益得到有效维护。

在浙江省桐庐县总工会“共享法庭”服务站，职工滕女士签署调解书后，脸上露出了满意的笑容，一起劳动争议案件就此顺利化解。

滕女士3年前入职某公司，但入职后公司一直未与其签订劳动合同，也未缴纳社会保险，还拖欠工资。今年1月，滕女士走进县总工会“共享法庭”服务站，请求工会帮忙维权。

确认相关情况后，服务站工会调解员立即与当事双方面谈，并邀请县人社局有关人员和“共享法庭”结对法官联合调解。最终企业方同意和解，在规定期限内支付了滕女士双倍工资。

立足维护职工合法权益、竭诚服务职工群众的基本职责，近年来，全国总工会推动建立完善劳动争议多元化解联动协作机制，联合人社、法院、司法等部门构建“调裁诉援”有效衔接工作体系，推进劳动领域多元解纷“一站式”平台建设。截至2023年6月底，已有22个省（区、市）和新疆生产建设兵团的1863家工会调解组织入驻人民法院调解平台开展工作，累计接受委派诉前调解纠纷 57.8 万件。各级工会强化法律监督，化解劳动争议，加强法治宣传，重点面向农民工、困难职工、新就业形态劳动者等群体提供综合性法律服务，织密劳动者权益法治保障网。

“党对工会寄予厚望，职工群众对工会充满期待。”在强国建设、民族复兴的新征程上，在习近平新时代中国特色社会主义思想指引下，中国工会必将团结动员全国亿万职工，锐意进取、奋勇争先，书写新时代劳动创造的壮丽华章！

（《人民日报》2023 年 10 月 9 日）

劳动书写新时代壮丽华章

——写在中国工会第十八次全国代表大会召开之际

金秋十月，在收获与期盼中，中国工会第十八次全国代表大会将于9日在京开幕。

2000余名来自各行各业的代表相聚北京，全面总结新时代工会工作的成就经验，共话新征程上工会组织的光荣使命。

党的十八大以来，以习近平同志为核心的党中央始终坚持全心全意依靠工人阶级方针，关心关爱工人阶级和广大劳动群众，为推进党的工运事业和工会工作领航定向。亿万劳动者以高度的主人翁意识、高昂的劳动热情和忘我的奉献精神，拼搏奋斗、争创一流、勇攀高峰，在推进中国式现代化进程中奏响“咱们工人有力量”的主旋律。

“实现中华民族伟大复兴的中国梦，根本上要靠包括工人阶级在内的全体人民的劳动、创造、奉献”

“希望你们牢记使命责任，坚定航空报国志向，弘扬劳模精神、工匠精神，努力攻克更多关键核心技术”。

2023年9月1日，习近平总书记给中国航发黎明发动机装配厂“李志强班”职工回信，对他们予以亲切勉励并寄予厚望。

“李志强班”以全国劳动模范、全国技术能手李志强的名字命名。2013年8月，习近平总书记到沈阳黎明公司考察时，曾与“李志强班”职工亲切交流。

殷殷期望，化为攻坚克难、砥砺奋进的力量。10年来，“李志强班”累计实现工艺创新126项，申报发明专利50余项，先后解决科研装配技术难题52项。

工人阶级是我国的领导阶级，是我国先进生产力和生产关系的代表，是我们党最坚实最可靠的阶级基础。以习近平同志为核心的党中央始终坚持全心全意依靠工人阶级的根本方针，始终高度重视工人阶级和广大劳动群众在党和国家事业发展中的重要地位，始终高度重视发挥工人阶级主力军作用。

2013年4月28日，习近平总书记在同全国劳动模范代表座谈时指出，全心全意依靠工人阶级不能只当口号喊、标签贴，而要贯彻到党和国家政策制定、工作推进全过程，落实到企业生产经营各方面。

2015年7月17日，习近平总书记在吉林东北工业集团长春一东离合器股份有限公司调研时，要求大力弘扬劳模精神，充分发挥工人阶级主人翁作用，维护好职工群众合法权益，积极构建和谐劳动关系。

2020年11月24日，习近平总书记在全国劳动模范和先进工作者表彰大会上提出，我国工人阶级和广大劳动群众要坚定不移听党话、矢志不渝跟党走，当好主人翁，建功新时代。

2022年4月27日，在致首届大国工匠创新交流大会的贺信中，习近平总书记强调，技术工人队伍是支撑中国制造、中国创造的重要力量……

一幕幕场景，一句句寄语，饱含着习近平总书记的深厚情谊，激励着广大劳动者矢志奋斗。

“我们的现代化既是最难的，也是最伟大的。从这个角度看，紧紧依靠工人阶级是必不可少的，工人阶级代表先进生产力。”2022 年 10 月 17 日，习近平总书记在参加党的二十大广西代表团讨论时鲜明指出。

回想起当时的场景，中国工会十八大代表、来自广西汽车集团有限公司的首席技能专家郑志明依然倍感振奋：“我坚信，有以习近平同志为核心的党中央坚强领导，中国式现代化道路必将越走越宽广，产业工人技能报国的舞台也会越来越广阔。”

在经济建设主战场担当作为，在决战脱贫攻坚中勇毅前行，在抗疫斗争中挺身而出，在科技自立自强中勇攀高峰，无数劳动者用智慧和汗水建功新时代。

“无论时代条件如何变化，我们始终都要崇尚劳动、尊重劳动者”

让劳动者得实惠、享荣光，是激发劳动创造力的必由之路。

“劳模精神、劳动精神、工匠精神是以爱国主义为核心的民族精神和以改革创新为核心的时代精神的生动体现，是鼓舞全党全国各族人民风雨无阻、勇敢前进的强大精神动力。”2020 年 11 月 24 日，人民大会堂，习近平总书记话语铿锵。

那一天，每 5 年一次的全国劳动模范和先进工作者表彰大会隆重举行，2000 余名来自各个行业、各条战线、各个领域的劳动模范和先进工作者齐聚一堂，接受党和国家给予的至高褒奖。

“总书记的讲话让我更加深刻地认识到劳动者的价值。干一行爱一行，我要在最平凡的岗位上把自我价值发挥到极致。”全国五一劳动奖章获得者、南方电网贵州六盘水供电局继电保护工王磊说。23 年扎根一线、拼搏创造，他用实际行动践行誓言：熟记 118 座变电站 5000 多份二次回路图、发明多项精细化运检工具技术……

以崇高礼遇褒奖、致敬先进，劳动模范日益成为全社会最闪耀的群体——

2019年10月1日，天安门广场，191名来自各行各业的全国劳模和先进工作者、全国五一劳动奖章获得者、大国工匠受邀参加新中国成立70周年庆祝大会。

2021年6月29日，庆祝中国共产党成立100周年“七一勋章”颁授仪式举行，29人获此殊荣，其中11位是劳模党员。

全国总工会定期召开庆祝“五一”国际劳动节大会，评选表彰全国五一劳动奖和全国工人先锋号。5年来，共表彰全国五一劳动奖状926个、全国五一劳动奖章4026名、全国工人先锋号4119个，全国五一巾帼奖2200名。各级工会广泛开展“中国梦·劳动美”主题宣传教育，大力培养选树宣传高技能人才、能工巧匠和大国工匠。

以崇高礼遇褒奖功勋人物，以实际行动关爱劳动模范，党中央的深情关爱广泛传递，神州大地奏响新时代的劳动赞歌。

激励更多劳动者特别是青年一代，继承发扬劳模精神，努力走好技能成才、奉献报国之路——

2022年4月10日，海南三亚市崖州湾科技城的崖州湾种子实验室。

4年前，习近平总书记曾在南繁田垄上听袁隆平讲稻谷。

此次，总书记来到种子实验室同科研人员深入交流。他饱含感情地说：“我们要弘扬老一代科技工作者的精神，袁隆平同志是一个楷模。实际上像他这样的还有很多人，埋头苦干、默默耕耘、十年磨一剑，久久为功。”

营造劳动最光荣、劳动最崇高、劳动最伟大、劳动最美丽的浓厚氛围，激发亿万职工群众奋进新征程的磅礴力量——

36岁的李维川清楚地记得，2013年2月8日，习近平总书记来到北京地铁8号线施工工地，了解工程进展情况，看望慰问坚守岗位的一线劳动者。

“总书记说‘发展公共交通是现代城市发展的方向’。”殷殷嘱托，在当时刚工作一年多的李维川心里种下了一颗种子。10年来，李维川扎根一线，凭借“较真”的品质和吃苦耐劳的精神，参与了16条盾构隧道的测量任务。2021年，他一次性通过施工行业最高执业资质一级建造师的考试，从一名农民工成长为高级技术人员。

“技术工人是支撑中国制造、中国创造的重要基础”“要健全技能人才培养、使用、评价、激励制度，大力发展技工教育，大规模开展职业技能培训，加快培养大批高素质劳动者和技术技能人才”……

谆谆话语，寄望深切。以劳动筑基，以奋斗开路，广大劳动者满怀信心投身强国建设、民族复兴的火热实践。

“让职工群众真正感受到工会是‘职工之家’，工会干部是最可信赖的‘娘家人’”

2020年9月17日，习近平总书记在湖南长沙主持召开基层代表座谈会，听取货车司机、快递小哥、餐馆店主等基层代表对“十四五”规划编制的意见和建议。

听到发言说快递小哥压力太大，为赶时间无法休息，习近平总书记感慨道：“做快递小哥也不容易，要多给他们提供一些方便。”

加强灵活就业和新就业形态劳动者权益保障问题，习近平总书记念兹在兹，也为新时代工会改革创新指明方向。

发布《深入推进新就业形态劳动者工会工作三年行动计划（2023—2025年）》，加大新就业形态劳动者权益保障力度；累计投入超20亿元，建成“暖心驿站”“歇歇吧”“爱心接力站”等各类服务站点13.08万个……聚焦劳动者新需求，回应职工群众新期盼，各级工会不断补齐服务短板，开创工会工作新局面。

根据全国总工会的调查，目前我国职工总数4.02亿人左右，职工平均年龄38.3岁、平均受教育年限13.8年。

作为具有优良传统的群众组织，工会如何适应新形势？

“时代在发展，事业在创新，工会工作也要发展、也要创新”；

“要积极扩大工会工作覆盖面，努力把工作做到所有职工群众中去，使工会工作更贴近基层、贴近职工群众，更符合职工群众意愿”；

“工会要坚持以职工为中心的工作导向，抓住职工群众最关心最直接最现实的利益问题，认真履行维护职工合法权益、竭诚服务职工群众的基本职责”；

……

新思想引领新行动，新理念指导新实践。

习近平总书记对工会工作提出的一系列重要指示，指引各级工会组织紧紧围绕保持和增强政治性、先进性、群众性这条主线，以更大力度、更实举措推进工会改革创新。

加大城市困难职工帮扶解困力度，工会系统建档立卡的549.87万户城市困难职工家庭实现解困脱困；构建常态化帮扶机制，5年来，开展“两节”送温暖活动筹集资金218.7亿元，慰问职工 4250.6 万人次。

完善联系职工群众的制度机制，深入基层一线。截至 2023 年 9 月，全国县级以上工会机关累计选派 4.5 万余名干部赴基层蹲点。

推动顺丰、饿了么等 6 家快递和网约送餐行业头部企业、平台企业建立工会。2021 年至 2023 年上半年，全国新发展新就业形态劳动者会员 1227 万人。

“崇尚劳动、尊重劳动者，不是一句口号，而是要靠实际行动不断提升劳动者获得感、幸福感、安全感。”中国工会十八大代表、广州市货运行业工会联合会主席何丽敏，准备了一份关于强化网络配送员劳动安全保障协同共治的提案。她说，希望为奋斗者创造更好环境，也为经济发展提供更多动能。

梦在前方，路在脚下。

党的二十大擘画的以中国式现代化全面推进中华民族伟大复兴宏伟蓝图催人奋进。广大劳动群众将更加紧密地团结在以习近平同志为核心的党中央周围，锐意进取、奋勇争先，谱写新时代新征程更加绚丽的华章。

（新华社 2023 年 10 月 8 日）

中国工会第十八次全国代表大会在京开幕

中国工会第十八次全国代表大会9日上午在人民大会堂开幕。习近平、赵乐际、王沪宁、丁薛祥、李希等党和国家领导人到会祝贺，蔡奇代表党中央致词。

人民大会堂大礼堂气氛热烈。主席台上方悬挂着“中国工会第十八次全国代表大会”的会标，后幕正中象征着中国工会和中国工人阶级团结统一的工会会徽熠熠生辉，10面红旗分列两侧。二楼眺台悬挂着“坚持以习近平新时代中国特色社会主义思想为指导，全面贯彻党的二十大精神，组织动员亿万职工为全面建设社会主义现代化国家、全面推进中华民族伟大复兴团结奋斗！”的巨型横幅。

近2000名来自全国各行各业的中国工会十八大代表和50余名特邀代表，肩负着亿万职工的重托出席大会。

上午10时，中共中央总书记、国家主席、中央军委主席习近平等步入会场，全场响起热烈的掌声。

大会主席团常务主席王东明宣布大会开幕。全体起立，高唱国歌。

蔡奇代表党中央发表了题为《奋力书写我国工人阶级投身强国建设民族复兴的壮丽篇章》的致词，向大会召开表示热烈祝贺，向全国广大职工和工会干部致以诚挚问候。

蔡奇在致词中说，党的十八大以来，在以习近平同志为核心的党中央坚强领导下，我国工人阶级紧紧团结在党的周围，勇担重任、拼搏实干，为推动党和国家事业取得历史性成就、发生历史性变革作出了重要贡献。中国工会十七大以来，各级工会坚持以习近平新时代中国特色社会主义思想为指导，加强党的建设，深化改革创新，强化职工思想政治引领，推进产业工人队伍建设改革，履行维权服务职责，构建和谐劳动关系，动员广大职工积极建功新时代，同全国人民同步迈上全面建设社会主义现代化国家新征程。

蔡奇表示，党的二十大确立了以中国式现代化全面推进强国建设、民族复兴伟业的中心任务。党的中心任务就是中国工人运动和工会工作的主题和方向。工人阶级要以忠诚可靠赓续工人阶级政治本色，以劳动创造担当工人阶级使命任务，以过硬本领展现工人阶级时代风采，以团结奋斗弘扬工人阶级崇高品格。各级工会要深入学习贯彻习近平新时代中国特色社会主义思想，深入学习贯彻习近平总书记关于工人阶级和工会工作的重要论述，忠诚党的事业、竭诚服务职工，始终坚持正确政治方向，广泛凝聚团结奋斗伟力，切实提高维权服务质量，有效发挥桥梁纽带作用，推动党中央决策部署落地见效，奋力谱写党的工运事业崭新篇章。

共青团中央书记处第一书记阿东，中央军委委员、中央军委政治工作部主任苗华，先后代表人民团体和解放军、武警部队向大会致贺词。

王东明代表中华全国总工会第十七届执行委员会作了题为《以习近平新时代中国特色社会主义思想为指导　组织动员亿万职工为强国建设民族复兴团结奋斗》的报告。报告分为 3 个部分：新时代我国工运事业的发展和过去五年的工作；坚持用习近平新时代中国特色社会主义思想统领工会工作；今后五年的主要工作。

大会以书面报告的形式向代表提交了《中国工会章程（修正案）》、《中华全国总工会第十七届执行委员会财务工作报告》、《中华全国总工会第十七届经费审查委员会工作报告》，请代表审议。

中共中央书记处书记，全国人大常委会、国务院、全国政协、中央军委有关领导同志出席会议。

中央和国家机关有关部门、各人民团体、军队有关单位和北京市负责同志，各民主党派中央、全国工商联负责人和无党派人士代表，香港、澳门特别行政区工会界的朋友，首都各界职工代表等参加开幕式。

（《人民日报》2023 年 10 月 10 日）

中国工会第十八次全国代表大会闭幕

中国工会第十八次全国代表大会10月12日下午在人民大会堂闭幕。

会议选举产生了由278名委员组成的中华全国总工会第十八届执行委员会和由40名委员组成的中华全国总工会第十八届经费审查委员会，选举产生了中华全国总工会新一届领导班子。王东明当选为中华全国总工会主席。

会议通过了中国工会第十八次全国代表大会关于中华全国总工会第十七届执行委员会报告的决议，通过了关于《中国工会章程（修正案）》的决议。

大会号召，各级工会要坚持以习近平新时代中国特色社会主义思想为指导，深入贯彻习近平总书记关于工人阶级和工会工作的重要论述，始终坚持工会工作正确政治方向，围绕中心、服务大局，履行工会基本职责，实现好、维护好、发展好职工群众的根本利益，踔厉奋发、埋头苦干，团结引导亿万职工坚定不移听党话、跟党走，为以中国式现代化全面推进强国建设、民族复兴伟业而团结奋斗！

（《人民日报》2023年10月13日）

用劳动书写绚丽多彩的时代画卷

劳动托举梦想，奋斗书写华章。

中国工会第十八次全国代表大会12日下午在北京人民大会堂闭幕。为期4天的大会，让广大职工和工会干部备受鼓舞。大家表示，将牢记习近平总书记和党中央的殷殷嘱托，凝心聚力、团结奋斗，以更加饱满的热情、昂扬的姿态奋进新征程、建功新时代。

幸福都是奋斗出来的

“劳动创造幸福，奋斗铸就伟业。”大会上，党中央致词引发了广大职工的强烈共鸣。

用肉眼观测就能判断工件表面粗糙度是否达标，靠手触摸就能知道球面轮廓度是否合格……30多年来，中国航空工业新航集团116厂首席技师孟祥忠在一线钳工岗位上牢记初心使命，创造了不凡的业绩。

“航空事业马虎不得，要干就干到最好，绝不能在关键时刻掉链子。”孟祥忠说。

三百六十行，行行出状元。“幸福都是奋斗出来的，平凡的岗位也能创造出美好生活。”中建新疆建工集团第四建筑工程有限公司技术质量员、工程师吾买尔·库尔班说。近年来，为帮助企业里的少数民族务工人员向产业工人转变，吾买尔·库尔班发挥技术优势，积极开展“传帮带”，鼓励身边同事学习多种技能，组织各班组开展技能竞赛，让大家从“门外汉”变成“技术工”。

从一名普通的采煤工人成长为全国劳动模范，黑龙江龙煤集团七台河矿业公司龙湖煤矿东一采区701采煤队班长杨会军亲身经历了煤炭产业发生的变化。

“我刚任班长时，采煤工作面还是炮采，后来经历了高档普采，现在已升级为综合机械化采煤系统。”杨会军说，大家不断研究生产工艺，保安全、学技术、攻难关，实现了常年生产安全高效无事故。

让劳动创造在全社会蔚然成风

新时代是奋斗者的时代，劳动模范是最美的奋斗者。

平凡岗位上拼搏奉献，急难险重时冲锋在前……广大劳动模范和先进工作者在强国建设、民族复兴的新征程上充分发挥示范带头作用，始终奋进在最前列。

“把技能变成本能”，这是中铁一局集团第五工程有限公司首席技师白芝勇常说的一句话。20多年来，他先后参与了数十条国家重点铁路公路线路复测、工程精测等工作。从一名普通技术员到“金牌测量师”，在工作中，白芝勇翻山越岭、风餐露宿，用自主创新和刻苦钻研进行多项技术改进和工艺提升，解决了不少技术难题。

“成绩不是偶然得来的，是靠长时间勤学苦练换来的。”近些年，天津港第一港埠有限公司拖头队副队长成卫东和团队完成了200多项技术革新，获得40多项专利。在天津港智慧港口建设中，成卫东将自己多年的操作经验和方法数据化、标准化，推动无人化机械设备作业效率进一步提升。

“我们要不断学习新知识、掌握新技能，依靠劳动创造，把港口建设得更智慧、更绿色，在推进中国式现代化进程中展现工人阶级新风采。”成卫东说。

钻明沟、爬暗渠、通管路……吉林省辽源市水务集团公司供排水维护服务公司排水维护队队长白玉晶年复一年埋头苦干，毫无怨言。白玉晶对地下排水管网的走向、流量、管径、畅通程度了如指掌。

白玉晶说：“自己的付出能保障千家万户正常生活、城市功能正常运行，十分自豪。”

在新的起点创造更大业绩

随着新技术新业态快速发展，我国职工队伍结构发生深刻变化，新就业形态劳动者成为职工队伍的重要组成部分。

作为一名外卖骑手，美团北京朝阳 CBD 团结湖站骑士长范铁明近来常去工会户外劳动者服务站点歇歇脚。“站点越来越多，服务也更加贴心丰富，我们快递小哥可以歇歇脚、充充电，非常方便。”范铁明说。

“平时工作和生活中有什么难处，就去找工会帮忙，工会的同志们也常到我们身边调研、慰问，帮助大家解决在工资收入、社会保障、劳动保护等方面的问题，让我们切实感受到‘工会就在身边’。”范铁明说，“我将更努力地服务城市、建设城市。”

“保障和维护职工的合法权益，要多倾听他们的声音，努力帮助职工解决急难愁盼问题。”安徽铜陵港华燃气有限公司党委委员、工会主席李菁说，近年来她所在企业开辟了“民声通道”，大量涉及职工切身利益的合理化建议得到落实。“我们将进一步聚焦职工需求，让职工真切感受到工会大家庭的温暖。”李菁说。

新时代的劳动者，心中有梦想，肩头有担当，手上有干劲，脚下有方向。

大会闭幕，山东鲁泰纺织股份有限公司实验室质量员迟艳丽带着满满的干劲回到工作岗位。“我要立足本职岗位诚实劳动，干一行、爱一行、精一行，在平凡的岗位上干出不平凡的业绩。”迟艳丽说。

（《人民日报》2023 年 10 月 14 日）

走好技能成才技能报国之路

“走技能成才、技能报国之路”“大力弘扬劳模精神、劳动精神、工匠精神”“培养造就更多的大国工匠和高技能人才”“选树宣传‘大国工匠’、‘最美职工’”……在刚刚结束的中国工会十八大上，“工匠”“技能”成为会场内外热议的高频词。广大职工和工会干部纷纷表示，要以技能成才、技能报国为目标，以熟练的技能和精益求精的工匠精神投身中国式现代化伟大实践，汇聚起推进高质量发展的坚实力量。

用一技之长绽放精彩人生

匠心铸就梦想，技能点亮人生。进入新发展阶段，以一技之长投身中国制造，成为越来越多技术工人实现人生出彩的途径。

“在这样一个伟大的时代，无论从事哪种职业，都有出彩的机会，都可以收获精彩的人生。”从工地上一名普通的泥瓦匠，到获得第四十三届世界技能大赛砌筑项目优胜奖，邹彬用勤劳和汗水谱写了奋斗的青春之歌。靠着精湛的技艺，如今他已成长为中建五局总承包公司项目质量总监、“邹彬劳模和工匠人才创新工作室”组长。

吊线、抹灰、找平，在建筑工地，每道工序邹彬都精益求精。“奋斗是青春的底色，我将一如既往地优化工序、提升建筑品质，努力为质量强国建设贡献力量。”邹彬说。

因为热爱创新发明，中国石油西部钻探工程公司首席技师谭文波数十年如一日扎根大漠戈壁开展研究，成为“油田里的发明家”。如今，谭文波不仅致力于自身的技术提升，也开始帮助年轻一代踏上技能成才、技能报国的道路，鼓励他们进行创新试验。

“这些年，我们深切地感受到国家越来越重视产业工人队伍建设。”谭文波说，“产业工人要努力奋斗、大展拳脚，实现人生出彩。”

“一路走来，正是技能改变了我的命运。”一个天车司机如何成为“大国工匠年度人物”？有人曾这样问中国水电四局白鹤滩水电站机组安装工程项目部天车班班长田得梅，她的回答铿锵有力：“实干笃行，小岗位一样有大作为！”

自2007年参加工作以来，田得梅一直奋战在水电工程建设一线，先后参与完成18台转子吊装，逐渐成长为国内为数不多的可以完成巨型精密装置吊装的桥机司机。田得梅说：“知识不够就去学，天赋不足就去练，能吃苦，肯奋斗，终究会创造不凡。”

技能报国成为时代强音

时代发展，需要大国工匠；迈向新征程，需要大力弘扬工匠精神。

“技能报国舞台广阔，建功立业正逢其时。”上海航天设备制造总厂有限公司三分厂总装工王曙群参与了载人航天工程、嫦娥工程的多次发射任务。

“我们所处的时代科技快速发展、产业变革迅速，这给产业工人带来了新的挑战。”王曙群说，“在科技创新中，我们产业工人要迎难而上、勇攀高峰，用实干助力‘中国制造’加速迈向‘中国创造’。”

登上“技能之巅”，离不开坚守与创新。扎根生产一线25年来，中国兵器工业首席技师、北京北方车辆集团有限公司数控铣工马小光攻克了多个核心零部件加工难点，在工装模具、液压传动、行走系统多个生产环节首创大量先进加工方法，大幅提升装备质量和生产效率，为“智”造大国重器提供了重要支撑。

“技术的飞速发展让我深刻感受到新时代产业工人所肩负的使命和责任，我将努力攻克更多技术难关，持续做好技术传承与发展工作。”马小光说。

“践行工匠精神，要探寻精益求精、追求极致的目标。”在30多年的职业生涯中，中国一重铸锻钢事业部水压机锻造厂锻九班大班长刘伯鸣不仅成为我国第一台万吨水压机和世界先进的1.5万吨自由锻造水压机操作者，还攻克了产品锻造工艺难关100余项。“我们要不断学习知识、加强创新，生产出高质量的产品，推动企业和行业的发展进步，实现高质量发展。”刘伯鸣说。

激励更多劳动者争做高技能人才

技术工人队伍是支撑中国制造、中国创造的重要力量。当前，我国技能劳动者已超过2亿人。进入高质量发展阶段，必须深化产业工人队伍建设改革，重视发挥技术工人队伍作用，锻造新时代高素质产业工人大军。

“我是产业工人队伍建设改革的受益者，技能改变了我的命运。”中车永济电机有限公司高级技师李小锋说。在数控操作岗位，他一干就是18年，他加工的模具生产出的冲片精度达0.02毫米，相当于一根头发丝的1/4。近年来，李小锋的待遇和职业荣誉感都有了很大提升，还圆了自己的大学梦。“有了全社会的共同推动，技能人才的职业发展空间将更加广阔。”面向未来，李小锋信心满怀。

在河南，省总工会联合省人社厅每年选树命名“中原大工匠”，打造“万名中原工匠方阵”，构建起以“大国工匠年度人物”为引领、157名“中原大工匠”为中坚、1700名省辖市及省行业系统大工匠为骨干、遍布各行各业的1.3万名县级大工匠和重点企业工匠为主体的“中原工匠人才体系”。

在浙江，杭州市萧山区实施“卓越工程师”培养计划，围绕新兴制造业体系，以“产才教融合、政企社协同、育选用贯通”的方式，培养具有突出技术创新能力、善于解决复杂工程问题的工程师队伍，一批敢于创新、刻苦钻研的能工巧匠涌现出来。

培养高素质技能人才，需要“以老带新”树典型、助成长。“作为一名‘老师傅’，我有责任做好‘传帮带’，为企业和产业发展培养高技能人才。”攀钢集团工程技术有限公司修建分公司焊工培训中心焊工教师梁恩荣说，“我将持续探索先进焊接技术，带动更多职工走上技能成才、技能报国之路。”

（《人民日报》2023年10月16日）

中国工会第十八次全国代表大会在京闭幕

10月12日下午，中国工会第十八次全国代表大会圆满完成各项议程，在庄严的《国际歌》声中胜利闭幕。闭幕式由全国人大常委会副委员长、中华全国总工会主席王东明主持。

大会指出，强国建设、民族复兴的宏伟目标令人鼓舞、催人奋进，工人阶级、工会组织的使命光荣、责任重大。让我们更加紧密地团结在以习近平同志为核心的党中央周围，全面学习贯彻习近平新时代中国特色社会主义思想，深入贯彻习近平总书记关于工人阶级和工会工作的重要论述，认真落实中国工会十八大精神，切实维护职工合法权益、竭诚服务职工群众，踔厉奋发、勇毅前行，团结动员亿万职工群众为全面建设社会主义现代化国家、全面推进中华民族伟大复兴团结奋斗。

大会宣布了当选的中华全国总工会第十八届执行委员会主席、副主席、主席团委员、书记处书记名单和经费审查委员会主任、副主任、常务委员名单；大会表决通过了《关于中华全国总工会第十七届执行委员会报告的决议》、《关于〈中国工会章程（修正案）〉的决议》、《关于中华全国总工会第十七届执行委员会财务工作报告的决议》和《关于中华全国总工会第十七届经费审查委员会工作报告的决议》。

受王东明同志委托，全总党组书记、副主席、书记处第一书记徐留平致大会闭幕词。徐留平说，这次大会，是在我国迈上全面建设社会主义现代化国家新征程、向第二个百年奋斗目标进军的关键时刻召开的一次十分重要的大会。大会以习近平新时代中国特色社会主义思想为指导，全面贯彻党的二十大精神，深入贯彻习近平总书记关于工人阶级和工会工作的重要论述，是一次高举旗帜、凝心聚力，继往开来、团结奋进的大会，必将激励全国亿万职工群众和工会工作者，以昂扬向上的精神风貌和实干担当的奋斗姿态，在全面建设社会主义现代化国家、全面推进中华民族伟大复兴的历史进程中谱写工运事业和工会工作的崭新篇章。

徐留平说，党中央高度重视这次大会，习近平总书记等党和国家领导人出席了大会开幕式。蔡奇同志代表党中央向大会作了致词，充分肯定了我国工人阶级为推动党和国家事业发展作出的重要贡献，高度评价了工会工作取得的新进展新成效，对工人阶级寄予殷切期望，对进一步做好工会工作提出明确要求。王东明同志代表全总十七届执委会在大会上作的报告，充分体现了党中央精神、反映了职工群众意愿、凝聚了工会智慧，是指导新时代新征程工会工作高质量发展的重要文件。

徐留平说，大会选举产生了中华全国总工会新一届执行委员会，这是全体代表和全国亿万职工群众的信任和重托。党的二十大吹响了奋进新征程的时代号角，党的中心任务就是中国工人运动和工会工作的主题和方向，就是全总十八届执委会的根本要求和首要目标。要始终坚持党的全面领导，坚持用习近平新时代中国特色社会主义思想凝心铸魂，团结动员广大职工紧密团结在以习近平同志为核心的党中央周围，坚定不移听党话、跟党走，保持工会工作的正确政治方向。要始终坚持服从服务于党和国家工作大局，充分发挥工人阶级主力军作用，全心全意依靠工人阶级，团结组织职工群众建功立业、创新创造，大力弘扬劳模精神、劳动精神、工匠精神，在强国建设、民族复兴伟业中汇聚万众一心、众志成城的磅礴力量。要始终坚持履行维权服务基本职责，切实维护好、服务好亿万职工群众的劳动经济权益、民主政治权利和精神文化权益，大力推进产业工人队伍建设改革，着力解决好新就业形态劳动者、农民工、城市困难职工等重点群体的急难愁盼问题，持续推动构建和谐劳动关系，坚决维护好劳动领域政治安全。要始终坚持深化工会改革和建设，突出政治性、先进性、群众性，持续深化工会机关改革，创新工作体系、工作内容和工作方式，加强基础和基层工会建设，加快工会数字化建设步伐，全面强化工会系统党的建设，大力提高工会干部的素质能力，有效发挥工会作为党联系职工群众的桥梁纽带作用。

徐留平要求，各位代表和各级工会组织要迅速在广大职工群众和各级工会工作者中掀起学习宣传贯彻大会精神的热潮，把贯彻落实工会十八大精神与党和国家中心工作结合起来，与本地区、本产业、本部门、本单位、本岗位实际结合起来，把智慧和力量凝聚到实现这次大会确定的目标任务要求上来，勇于担当、奋发有为，切实维护职工合法权益、竭诚服务职工群众，团结动员亿万职工群众和工会工作者努力开创新时代新征程党的工运事业和工会工作新局面，为全面建设社会主义现代化国家、全面推进中华民族伟大复兴而团结奋斗！

（《工人日报》2023 年 10 月 13 日）

全总负责人就《中国工会章程（修正案）》有关问题答记者问

中国工会第十八次全国代表大会12日审议通过了《关于〈中国工会章程（修正案）〉的决议》。就此次工会章程修改有关问题，记者专访了中华全国总工会负责人。

问：章程修正案增写“深刻领悟‘两个确立’的决定性意义”，这一修改有何重大意义？

答：“两个确立”是党在新时代取得的重大政治成果，反映了包括亿万职工群众在内的全党全军全国各族人民共同心愿，对新时代党和国家事业发展、对推进中华民族伟大复兴历史进程具有决定性意义。新时代我国工运事业的发展和过去五年工会工作取得的新进展新成效，根本在于以习近平同志为核心的党中央坚强领导，在于习近平新时代中国特色社会主义思想科学指引。章程修正案增写“深刻领悟‘两个确立’的决定性意义”，对于各级工会坚定不移用习近平新时代中国特色社会主义思想统一思想、统一意志、统一行动，始终在政治立场、政治方向、政治原则、政治道路上同以习近平同志为核心的党中央保持高度一致，切实履行团结引导职工群众听党话、跟党走的政治责任，组织动员广大职工奋进新征程、建功新时代，具有十分重要的意义。

问：为了全面贯彻习近平新时代中国特色社会主义思想和党的二十大精神，章程修正案还作了哪些修改？

答： 章程修正案坚持以习近平新时代中国特色社会主义思想为指导，全面贯彻党的二十大精神，对标党章修改，在总则中增写了深入学习贯彻习近平总书记关于党的建设的重要思想、为实现新时代新征程党的中心任务而奋斗、发展全过程人民民主、推动产业工人队伍建设改革等内容。

问： 章程修正案根据近年来工会工作成功经验主要作了哪些修改？

答： 章程修正案认真总结新时代党领导工运事业和工会工作的成功经验，充分反映工会改革实践成果，在有关条文中明确新就业形态劳动者入会权利，明确区域性、行业性工会联合会组织形式，规范基层工会委员会名称和任期，明确工会干部能力本领要求，有利于各级工会持续深化改革和建设，有效发挥党联系职工群众的桥梁纽带作用。

问： 章程修正案决议对贯彻落实章程提出哪些要求？

答： 章程修正案决议强调各级工会组织和广大工会干部要自觉学习、遵守、贯彻、维护工会章程，发挥工会章程的规范和指导作用，开创新时代新征程工运事业和工会工作新局面。

（新华社北京10月12日电　记者樊曦、王聿昊）

五年来工会工作的主要成绩

（2023 年 10 月）

中华全国总工会

中国工会十七大以来的 5 年，在以习近平同志为核心的党中央坚强领导下，在全国人大常委会副委员长、全国总工会主席王东明带领下，全国各级工会坚持以习近平新时代中国特色社会主义思想为指导，全面贯彻党的十九大、二十大以及历次中央全会精神，深入贯彻习近平总书记关于工人阶级和工会工作的重要论述，坚持走中国特色社会主义工会发展道路，在加强职工思想政治引领、组织职工建功立业、维护职工合法权益、保持职工队伍稳定、深化工会改革创新、推进工会系统党的建设等方面做了大量富有成效的工作，工会在党和国家工作大局中的作用进一步彰显。

一、坚持不懈用习近平新时代中国特色社会主义思想凝心铸魂，拥护“两个确立”、做到“两个维护”的政治信念始终坚定

坚持把深入学习贯彻习近平新时代中国特色社会主义思想作为首要政治任务，持续提高政治判断力、政治领悟力、政治执行力，以理论上的清醒保证政治上的坚定。

学习贯彻习近平新时代中国特色社会主义思想走深走实。扎实开展“不忘初心、牢记使命”主题教育、党史学习教育、学习贯彻习近平新时代中国特色社会主义思想主题教育，更加深刻领悟“两个确立”的决定性意义，“四个意识”不断增强，“四个自信”日益坚定，“两个维护”更加坚决。健全完善各级工会领导机关和基层工会组织理论学习制度机制，分级分类开展全覆盖培训，教育引导各级工会干部和广大职工群众自觉做习近平新时代中国特色社会主义思想的坚定信仰者和忠实实践者。

学习研究阐释习近平总书记关于工人阶级和工会工作的重要论述常抓不懈。坚持把学习贯彻习近平总书记关于工人阶级和工会工作的重要论述作为一项战略工程来抓，将重要论述纳入各级工会党组（党委）理论学习中心组学习内容，广泛应用于工会各类教育培训活动，每年召开学习贯彻重要论述理论研讨会，形成学习贯彻党的工运创新理论的制度性安排。不断深化重要论述的学习贯彻和研究阐释，2018 年、2020 年 2 次内部编印《习近平关于工人阶级和工会工作论述摘编》，2021 年出版《深入学习贯彻习近平总书记关于工人阶级和工会工作的重要论述》，被中宣部列入 2021 年主题出版重点出版物选题目录，推动《习近平关于工人阶级和工会工作论述摘编》于 2023 年 9 月出版发行。深入学习贯彻习近平总书记在全国劳动模范和先进工作者表彰大会上的重要讲话、给郑州圆方集团全体职工的回信、致首届大国工匠创新交流大会的贺信精神等，通过召开主席会议、党组会议、劳模工匠座谈会等多种形式进行传达学习，印发通知对学习宣传贯彻工作作出部署，兴起学习宣传贯彻热潮。深化和加强涉及职工队伍和工会工作的全局性、趋势性、前瞻性问题研究和成果转化，开展第九次全国职工队伍状况调查，持续推出一批优秀研究成果。启动《中国工运通史》、《中国工会志》编撰工作。组建全总工会理论和劳动关系智库，探索走出工会理论研究新路子。

贯彻落实习近平总书记重要指示批示精神和党中央决策部署坚决有力。认真学习贯彻党的十九大、二十大以及历次中央全会精神，着力在全面学习、全面把握、全面落实上下功夫，准确把握工会组织贯彻落实的切入点和落脚点。坚持和完善自觉接受党的领导制度，完善和落实全总党组向党中央、各级工会党组织向同级党委请示报告重大事项制度。完善党组（党委）会议“第一议题”等制度，第一时间传达学习、第一时间研究落实习近平总书记重要指示批示精神和党中央决策部署，推动建立逐项分解、落实责任、建立台账、跟踪督查、定期“回头看”的闭环工作制度，确保件件有着落、事事有回音。

二、不断加强职工思想政治引领，职工群众听党话、跟党走的行动更加自觉

认真履行团结引导职工群众听党话、跟党走的政治责任，在全社会叫响做实“中国梦·劳动美”主题教育品牌，推动党的创新理论深入人心、主流思想舆论巩固壮大、社会主义核心价值观广泛践行，广大职工更加紧密地团结在以习近平同志为核心的党中央周围。

党的创新理论深入人心。推动理想信念教育进一步常态化制度化，开展党史、新中国史、改革开放史、社会主义发展史宣传教育，广泛开展“永远跟党走、奋进新征程”、“喜迎二十大、建功新时代”、“凝心铸魂跟党走、团结奋斗新征程”等宣

传教育活动，开展工会系统庆祝建党100周年系列活动，开展全国职工演讲比赛、知识竞赛、阅读诵读，编写出版《党的二十大精神职工学习问答》等，推动习近平新时代中国特色社会主义思想和党的二十大精神进企业、进车间、进班组，走近职工身边、走进职工心里。各地工会通过“守好红色根脉·班前十分钟活动”、劳模工匠宣讲团、百名巾帼劳模工匠师资库等形式载体，引导各级工会干部和广大职工群众持续增进对党的创新理论的政治认同、思想认同、理论认同、情感认同，更加坚定自觉忠诚核心、拥戴核心、维护核心、捍卫核心。

*社会主义核心价值观广泛践行。*加强教育引导、实践养成和制度保障，推动社会主义核心价值观深入基层、扎根职工。加强红色工运资源的挖掘保护和管理运用，命名59个全国职工爱国主义教育基地，同步建设“云游红色工运地标　建功伟大复兴征程”线上VR展馆。扎实推进中国工人运动历史展览筹备工作。联合举办纪念安源路矿工人运动100周年座谈会。加强以职业道德建设为重点的“四德”建设，开展2届全国职工职业道德建设评选表彰活动。广泛开展职工志愿服务，每年联合发布全国“最美职工”，引导广大职工做崇德向善的践行者、文明新风的推动者。5年来，共发布50名全国“最美职工”。

*弘扬劳模精神劳动精神工匠精神蔚然成风。*坚持尊重劳动、尊重知识、尊重人才、尊重创造，进一步突出劳动光荣、工人伟大的鲜明导向，牵头负责5年一次的全国劳动模范和先进工作者表彰大会；定期召开庆祝“五一”国际劳动节大会，评选表彰全国五一劳动奖和工人先锋号。5年来，共表彰全国五一劳动奖状926个、奖章4026名、先锋号4119个，全国五一

巾帼奖2200个。加大对劳模的宣传报道和关心关爱力度，深化劳模工匠进校园、进企业活动，协调中央主流媒体开设“劳动者之歌”专栏，加强劳模管理服务制度建设，积极组织劳模参加疗休养，探索开展劳模健康管理服务试点。

“工”字系列职工文化特色品牌持续擦亮。每年开展“阅读经典好书 争当时代工匠”全国工会职工书屋主题阅读交流活动，新建职工书屋5万余家，截至2022年9月底，全国建有职工书屋的基层工会共26万家。印发《关于加强新时代职工文化建设的指导意见》，持续举办“五一”特别节目，开展乒乓球羽毛球大赛、线上运动健身等活动，挖掘推广《麓山之歌》、《钢铁意志》、《南粤工匠》、《奋斗者之歌》、《亿万职工心向党》等文艺作品，培育健康文明、昂扬向上、全员参与的职工文化。

意识形态工作责任制全面落实。每年开展全国职工思想状况调研，重点关注青年职工、农民工、新就业形态劳动者、互联网企业职工等重点职工群体的思想状况、价值取向、利益诉求和心理健康等情况以及所面临的突出问题。印发《关于构建工会大宣传格局 提升工会媒体传播能力工作方案》，着力构建大宣传格局。制定实施加强和改进工会新闻舆论工作的意见，建立完善工会宣传引导工作机制，建设工会新媒体矩阵，全总建设全国工会融媒平台、带动各级工会建强用好融媒体中心，开通微信公众号以及今日头条、央视频、抖音官方账号。全面加强工会报刊、网站、“三微一端”、出版社、院校、文艺团体、研究机构等意识形态阵地建设和管理，强化工会网上舆论引导，每年联合主办“网聚职工正能量 争做中国好网民”主题活动。

三、牢牢把握我国工人运动时代主题，广大职工建功新时代的磅礴力量充分激发

贯彻全心全意依靠工人阶级根本方针，组织动员广大职工为实现中华民族伟大复兴中国梦团结奋斗、建功立业，持续唱响新时代的“咱们工人有力量”，工人阶级主力军作用充分发挥。

劳动和技能竞赛广泛深入持久开展。开展“当好主人翁、建功新时代”、“建功‘十四五’、奋进新征程”主题劳动和技能竞赛，深化全国引领性劳动和技能竞赛，扎实推进非公有制企业竞赛，推动在新产业新业态新组织中开展竞赛活动，以创建“工人先锋号”为载体广泛开展班组竞赛和质量提升活动，不断扩大竞赛的覆盖领域和职工群体。5 年来，全国开展劳动和技能竞赛的企事业单位工会年均 58.6 万家，参赛职工累计 2.9 亿人次。加强劳动和技能竞赛机制和体系建设，制定《重大工程建设劳动和技能竞赛工作指南》、《企业劳动和技能竞赛绩效评估指标体系（试行）》等，强化竞赛过程管理和评估考核，着力提高竞赛规范化水平。

职工技术技能素质不断提升。加大对一线技术工人创新创造的支持力度，组织开展“小发明、小创造、小革新、小设计、小建议”等群众性创新活动。5 年来，已建工会企事业单位所覆盖职工共提出合理化建议 3991.0 万件，开展技术革新 226.7 万项。联合举办多项国家级职业技能大赛，举办全国职工数字化应用技术技能大赛，制定《职工职业技能比赛授予全国五一劳动奖章管理办法》。5 年来，全国参加基层以上工会组织技能比赛的职工累计 1.09 亿人次。开展职工技能培训，联合

实施高技能领军人才境外培训。连续2年举办数字技能提升培训班，研究制定《巾帼劳模工匠数字技能提升中长期规划（2023—2025年）》。5年来，基层以上工会组织技术培训班26.1万次，参加培训职工1844.2万人次。深入实施职工素质建设工程，2019年起，全总每年设立1000万元专项扶持资金，带动各地工会加大投入，深入推进“求学圆梦行动”，每年帮助30万名职工实现学历和能力提升。

大国工匠示范带动作用充分发挥。进一步叫响做实大国工匠品牌，举办2届大国工匠创新交流大会、大国工匠论坛，加强职工优秀技术创新成果展示交流，启动“劳模工匠助企行”专项行动，制定大国工匠激励保障专项资金管理办法。深化劳模和工匠人才创新工作室创建活动，5年来，新命名100家全国示范性劳模和工匠人才创新工作室，全国县级以上地方工会已命名劳模创新工作室3.6万个，建设工匠学院360家；选树技能带头人（“金牌工人”、“首席技师”、“首席员工”）188.3万人次。深入开展优秀技术工人疗休养活动。2018年起全总联合开展“大国工匠年度人物”发布活动，共发布40名“大国工匠年度人物”。

产业工人队伍建设改革持续走深走实。认真履行牵头抓总职责，健全完善领导机构和各项工作机制，推动产业工人队伍建设法列入十四届全国人大常委会立法规划，牵头研究制定深化改革的意见，产业工人思想引领、建功立业、素质提升、地位提高、队伍壮大等改革措施有效落实，改革取得重要阶段性成效。实施产业工人队伍建设改革提升年、深化年行动，举办改革5周年系列活动。发挥企业主体作用，联合制定印发充分发挥国有企业在产改中带动作用的意见，召开非公企业产改推进会，发布倡议书，深入开展十大产业百家企业深化产改专项行动。推动构建产业工人技能形成体系和激励机制，搭建产业工人成长平台，推动完善现代职业教育制度、职业发展制度，畅通技术工人成才通道，建设“技能强国–全国产业工人学习社区”平台，加大产业工人职业技能培训力度。2018 年以来全国五一劳动奖章表彰中产业工人比例均超过 40%。

四、认真履行维权服务基本职责，广大职工获得感幸福感安全感切实增强

坚持以职工为中心的工作导向，切实履行维护职工合法权益、竭诚服务职工群众的基本职责，努力为职工提供更多可感可知、可达可得的贴心服务。

新就业形态劳动者等重点群体维权服务扎实有力。联合或单独印发《关于维护新就业形态劳动者劳动保障权益的指导意见》等指导性文件，组织开展“工会伴您益路同行”关爱货车司机行动等温暖关爱新就业形态劳动者系列活动，推动建立新就业形态劳动者权益协商协调机制，总结推广集体协商“一样本两指引”、能级工资集体协商等经验做法，促进平台企业依法规范用工，配合推进职业伤害保障试点工作。抓好工会定点扶贫和帮扶工作。全总定点扶贫的山西省和顺县与壶关县如期实现脱贫摘帽，全总在 2020 年、2021 年、2022 年中央单位定点帮扶工作成效考核评价中均获得最高等次“好”。开展工会系统第二轮、第三轮对口援疆援藏工作，“天山工匠精培计划”、“高原职工氧吧”等援助项目扎实推进。

困难职工帮扶成效明显。各级工会累计筹集帮扶资金 185 亿元，开展专项帮扶 2449 万人次，构建起困难职工帮扶的

多重保障线。截至 2020 年底，全国 32 个省级总工会全面完成解困脱困目标任务，工会系统建档立卡的 549.9 万户城市困难职工家庭如期实现解困脱困。推进工会帮扶工作与社会救助体系衔接，加强与相关部门的数据比对和信息共享，构建起层次清晰、各有侧重、有机衔接的常态化梯度帮扶长效机制。开展两节送温暖活动，筹集资金 218.7 亿元，慰问职工 4250.6 万人次。

源头参与力度持续加大。配合完成修改工会法，强化学习宣传贯彻工作，地方工会配合当地立法机关修改工会法实施办法或工会条例。积极参与和推动工会劳动法律监督地方立法。5 年来，全国省、市级地方工会参与制定地方性法规、政府规章 797 个，地方性规范文件 2194 个。

职工劳动经济权益有效维护。配合政府做好根治欠薪工作，推动各地及时科学调整最低工资标准。积极推进稳就业保就业，建设全国工会网上就业服务平台，持续开展就业援助活动，2018 年以来累计提供就业服务 3704.19 万人次。完成工会“七五”普法总结验收，制定实施工会“八五”普法规划。联合开展 3 届“全国维护职工权益杰出律师”评选表彰。持续开展“尊法守法·携手筑梦”服务农民工公益法律服务行动，服务农民工 2900 多万人次。深化全国“安康杯”竞赛，参与安全生产大检查和特别重大事故及职业危害事件调查处理等，实施全国职工健康促进工程。自 2020 年首次对国务院安委会成员单位进行安全生产考核以来，全总连续 2 年被评定为“优秀”等次。组织开发全国工会线上维权服务平台，将涉及职工群众维权服务的所有内容集成其中，努力实现“全国连通、一端尽享”，着力做到时时、事事、处处全维服务好亿万职工群众。

服务职工阵地品牌建设全面加强。擦亮冬送温暖、夏送清凉、金秋助学、阳光就业、职工医疗互助、职工公益、农民工平安返乡、关爱农民工子女等工作品牌。广泛开展“工会送清凉、防暑保安康”活动，敦促用人单位完善规章制度，维护高温高寒天气劳动者权益。在大中城市开展工会帮扶中心赋能增效、打造服务职工综合体试点，在企业（工业园区）开展企业提升职工生活品质、塑造幸福生活环境试点，提升职工服务中心（困难职工帮扶中心）综合服务功能。推动地方党委和政府把工人文化宫建设纳入经济社会发展“十四五”规划或民生工程。开展首批标准化工人文化宫评价工作，推进工人文化宫、工人疗休养院、职工互助保障组织等规范化建设，工人文化宫、工人疗休养院清理整改工作和职工服务阵地“两性两化”运作有力推进。5 年来，工人文化宫等职工文体阵地累计服务职工 3.82 亿人次。加强和规范工会户外劳动者服务站点建设，深入推进工会服务站点双 15 工程。截至 2023 年 9 月，全国工会已建成各类服务站点 13.08 万个。2018 年起开展“司机之家”建设，累计投入运营 1335 家。

统筹疫情防控和经济社会发展工会力量充分彰显。贯彻党中央关于“疫情要防住、经济要稳住、发展要安全”的部署要求，联合下发关于应对疫情影响进一步做好集体协商工作的通知，印发关于做好常态化疫情防控形势下促进企业发展维护职工权益工作、常态化送温暖和帮扶工作等文件，推出加大工会经费投入助力疫情防控与经济社会发展 20 条举措，连续 4 年实施小微企业工会经费全额返还支持政策，惠及小微企业近 200 万家。建立健全工会经费普惠职工的长效机制，帮扶慰问职工 2289.5 万人次，各地工会设立疫情防控专项资金，多措并举关心关爱医护人员等抗疫一线职工，助推企业安全有序复工复产，组织动员广大职工群众积极投身疫情防控和经济社会发展主战场。

女职工权益维护和关爱服务切实加强。开展《女职工劳动保护特别规定》实施情况等专题调研。积极促进工作场所性别平等，连续开展“情系女职工 法在你身边”女职工普法宣传活动，推动女职工休息哺乳室建设。截至 2022 年 9 月底，全国建立女职工休息哺乳室的企事业单位工会 22.2 万个，覆盖女职工 2079.9 万人。联合人社等相关部门加强专项执法检查，推动女职工权益保护法律法规贯彻落实。做好关爱服务工作，推进困难企业女职工、新就业形态女性劳动者“两癌”筛查，做好“会聚良缘”工会婚恋服务等工作，积极推动托管托育服务工作。

五、坚决维护劳动领域政治安全，职工队伍和工会组织更加团结统一

深入贯彻落实总体国家安全观，坚持一手抓防范化解，一手抓引领构建，以“时时放心不下”的责任感切实维护劳动领域政治安全，把“五个坚决”要求落到实处。

协调劳动关系制度机制建设不断加强。坚持把构建和谐劳动关系作为基础性工作和紧迫性任务来抓，贯彻落实《中共中央 国务院关于构建和谐劳动关系的意见》，召开全国工会协调劳动关系工作座谈会，推动国家协调劳动关系三方印发《关于新时代推进和谐劳动关系创建活动的意见》，召开全国和谐劳动关系创建示范经验交流会，实施劳动关系“和谐同行”能力提升三年行动计划，开展全国和谐劳动关系创建工作先进表彰，

培育基层劳动关系公共服务样板站点，开展构建和谐劳动关系行业试点。建立全总协调劳动关系工作协同推进机制，推动建立完善劳动争议多元化解联动协作机制，联合人社、法院、司法等部门构建“调裁诉援”有效衔接工作体系，推进劳动领域多元解纷“一站式”平台建设。截至2023年6月底，已有22个省（区、市）和新疆生产建设兵团的1863家工会调解组织入驻人民法院调解平台开展工作，累计接受委派诉前调解纠纷57.8万件。

民主管理工作提质增效。进一步健全以职工代表大会为基本形式的企事业单位民主管理制度，规范集团职代会制度，制定职工代表大会操作指引，推进省级厂务公开协调领导机构建设，加强厂务公开先进单位动态监管，推进政府与同级工会联席会议制度常态化。推动建立工会的12家头部平台企业中的9家建立职工代表大会制度。推动民主管理立法进程，截至2022年底，已有29个省（区、市）人大通过36部关于民主管理的地方性法规；30个省（区、市）人大或政府出台42部集体协商地方性法规或政府规章。实施集体协商“稳就业促发展构和谐”行动计划，开展集体协商质效评估体系研究和试点，培育壮大专职集体协商指导员队伍，连续举办3届城市工会集体协商竞赛。

落实“五个坚决”要求长效机制有效运转。加强维护劳动领域政治安全体系和能力建设，制定落实“五个坚决”要求长效机制的指导意见及10个实施方案，建立“1+1+N”工作推进机制，健全工作联动机制，发挥部委协同、地方联动机制和全总平安中国建设协调机制作用，强化劳动关系风险监测、分析、预防和处置，组织开展职工队伍稳定风险隐患排查化解专项工作。推进工会系统平安中国工作体系能力建设。健全完善工会信访治理体系，推进全国工会系统 12351 维权服务热线建设，推进治理重复信访化解信访积案和“蹲点+信访”制度常态化。推树产生 2 批全国工会联系引导社会组织服务职工优秀项目，推进工会联系引导社会组织为职工提供专业化服务。

六、扎实推进工会改革创新，工会组织吸引力凝聚力明显增强

坚持围绕保持和增强政治性、先进性、群众性，推动工会改革不断向基层延伸、向纵深发展，工会组织建设得更加充满活力、更加坚强有力。

统筹推进力度持续加大。加大工会改革创新的统筹谋划和整体推进力度，增强工会团结教育、维护权益、服务职工功能，健全联系广泛、服务职工的工会工作体系。制定和实施新时代首个工会工作规划《中国工运事业和工会工作“十四五”发展规划》，建立规划落实情况的督促检查和工作通报制度，定期评估工作进展成效。建立和完善全总党组例会制度、一级重大工作双周检查布置会议制度、全总机关重大工作月度检查布置会议制度。建立全总机关各部门月度工作报告检查机制、周工作循环机制、督查督办制度，制定年度工作计划、年度任务分解表，推动形成凡工作必有计划、有计划必有目标、有目标必有检查的闭环工作机制。扎实开展“转作风、解难题、促发展、保稳定”专项行动。加强财务管理、资产监督管理、经费审查审计监督等方面制度体系建设，提高工会经费和资产使用绩效。全总制定 30 多项财务制度规定，工会系统全面预算与预算绩效管理水平稳步提升。制定加强全总直属企事业单位党的

领导、推进工会资产高质量发展的意见，印发全总本级企事业单位综合考核办法实施细则等文件。

工会基层基础不断夯实。加强基层工会规范化建设，大力推行“重点建、行业建、兜底建”模式，加强以乡镇（街道）、开发区（工业园区）工会为重点的“小三级”工会建设，积极推行网上申请入会、集体登记入会等便捷方式，扩大工会组织有效覆盖。开展新就业形态劳动者入会集中行动、百人以上企业建会专项行动和社会组织建会专项行动，实施重点群体入会项目制。2018 年至 2020 年，全国新发展八大群体会员 874.3 万人；2021 年至 2023 年上半年新增新就业形态劳动者会员 1227 万人，实现全国互联网百强企业全部建会。制定《深入推进新就业形态劳动者工会工作三年行动计划（2023—2025 年）》，明确未来 3 年新发展新就业形态劳动者工会会员 1000 万人的目标任务。评选表彰全国模范职工之家，完善动态复查监管机制。从 2021 年起常态化、长效化、制度化开展工会机关干部赴基层蹲点工作，2023 年下半年全总机关首次派出干部赴平台企业蹲点。截至 2023 年 9 月，全国各级工会机关已累计组成蹲点工作组 1.5 万余个，派出蹲点干部 4.5 万余人，规范指导 10.7 万个基层工会开展工作，为 11.9 万名职工化解劳动纠纷。开展“县级工会加强年”专项工作，聚焦“政治引领强、组织功能强、服务阵地强、制度机制强、作用发挥强”的“五强”目标，全总带头对口联系 102 个县级工会，带动实现上级工会领导机关对全国 2800 多个县级工会对口联系指导全覆盖，促进人力、物力、财力向基层倾斜。

智慧工会建设稳步推进。编制《全国工会网络安全和信息化“十四五”规划（2021—2025 年）》，打造逻辑统一、覆盖全国的工会大数据系统和服务平台，搭就全国工会服务平台框架，省级工会开展网上工作平台建设并上线运行，搭建“工会智慧数据系统”。完成全总电子政务内网项目、电子公文系统内部试点项目、信创工程、网上办公平台项目、信息化基础设施及安全项目和“十四五”全总信息化工程（一期）项目建设等。加快推进工会数字化转型，制定《加快工会数字化建设工作方案》，着力推动工会工作服务化、体系化、品牌化、创新化、数字化建设。

产业工会活力充分激发。召开全国产业工会工作座谈会，健全完善领导机构和工作机制，调整和优化各全国产业工会委员单位结构，制定《全国产业工会工作评价体系和激励机制实施办法（试行）》和《全国产业工会工作评价指标体系（试行）》，组织开展全国产业工会工作评价，研究解决驻会全国产业工会和全总职能部门职责交叉问题，赋予产业工会更多资源手段，推动产业工会开展各具特色的工作。

七、坚持和加强党的全面领导，工会系统党的建设质量持续提升

坚持以党的政治建设为统领，全面加强工会系统党的建设，全面从严治党的政治引领和政治保障作用充分发挥。

全面从严治党不断引向深入。认真落实新时代党的建设总要求，每年召开全国工会党风廉政建设、推进全面从严治党工作会议，制定贯彻落实加强党的政治建设意见、加强和改进中央和国家机关党的建设意见的具体措施，持续推动工会系统党的建设提升质量、向下延伸。持续加强工会巡视工作，全力支持配合中央巡视、经济责任审计，认真抓好各项整改，健全

全总党组巡视制度机制，组织开展六轮巡视。自觉接受各级纪委监委驻工会机关纪检监察组监督。

工作作风持续改进。加强政治机关意识教育，广泛创建“忠诚党的事业、竭诚服务职工”模范政治机关。研究制定关于在工会大兴调查研究的具体措施等。严格执行中央八项规定及其实施细则精神，修订具体实施办法，组织开展形式主义突出问题集中排查整治，大幅减少各类会议，切实为基层减负。加强对“一把手”和领导班子监督，制定全总党组关于加强对“一把手”和领导班子监督的具体举措，开展“一把手”述责述廉和集体谈话。深入开展纪律教育、廉洁教育和警示教育，让党员干部知敬畏、存戒惧、守底线。

工会干部专业化水平不断提升。坚持把政治标准放在首位，树立选人用人正确导向，制定实施《全总机关部门综合考核办法（试行）》、《全总机关工作人员年度考核办法》、《全总机关工作人员平时考核办法（试行）》，强化考核结果运用，激励干部担当作为、干事创业。加大工会干部教育培训力度，编印学习贯彻习近平总书记关于工人阶级和工会工作的重要论述教学大纲及课程讲义，制定实施全国工会干部教育培训五年规划。持续强化工会兼挂职干部队伍建设，推动兼挂职干部充分发挥作用。加强工会社会工作专业人才队伍建设，落实工资分级负担补贴制度，多地工会出台相关政策文件。

八、讲好中国工人阶级和中国工会故事，工会、职工交流交往合作日益广泛

充分发挥工会优势，建立健全与港澳台工会和劳动界的交流合作机制，积极开展工会双多边国际交流，切实加强工会、

职工交流交往合作。

不断加强工会对外交流。积极配合我国重大主场外交开展工会配套活动，成功举办第十一届金砖国家工会论坛、“中国共产党领导下的中国工运事业发展”多边视频交流会。面向国际劳工界广泛宣传党的十九大、二十大以及历次中央全会精神，宣传构建人类命运共同体、共建“一带一路”等理念和主张，努力营造于我有利外部环境。第 4 次成功当选国际劳工组织工人正理事。派团出席国际劳工大会、国际劳工组织理事会会议、二十国集团劳动会议、金砖国家工会论坛等国际劳工界重要会议，不断扩大中国工会的国际影响力。

促进工会抗疫国际合作。积极参加国际劳工组织、国际和区域工会组织关于疫情对劳动世界的影响与工会作用视频会议，以服务保障北京 2022 年冬奥会、冬残奥会为契机，大力宣传我国抗疫政策和工会组织动员职工推动复工复产的经验成绩，给予友好工会组织力所能及的抗疫物资援助。通过工会国际会议、友好工会组织官网和外国工会领导人接受主流媒体采访等途径，有力驳斥有关疫情政治化、污名化的错误言论。

扎实推进工会“一带一路”品牌项目建设。深入基层开展“一带一路”沿线国家中资企业劳动关系状况调研，助力企业和谐劳动关系建设。继续开展“一带一路”沿线国家工会干部汉语研修奖学金项目，积极筹备上合组织国家工匠研修学堂的各项工作。配合做好中巴经济走廊数据库建设、中巴职工交流合作备忘录落实等相关工作，加强与“一带一路”沿线国家工会的互访交流，推动共建“一带一路”高质量发展。

加强与港澳台工会和劳动界交流合作。支持港澳爱国工会力量。做好港澳工会青年研讨营、港澳工会“五一”代表团、海峡职工论坛等品牌交流活动，支持香港抗击疫情，做好对港澳工会和职工的关心关怀。联合协作开展中国海员技能大比武职工职业技能竞赛，组织开展文化、体育交流活动。着力做好在大陆工作的台胞职工服务工作。强化粤港澳三地工会协调合作，推动构建粤港澳大湾区工会工作新格局。

学习宣传贯彻通知

中华全国总工会关于认真学习宣传贯彻习近平总书记重要讲话精神努力完成中国工会十八大确定的目标任务的通知

各省、自治区、直辖市总工会，各全国产业工会，中央和国家机关工会联合会，全总各部门、各直属单位：

2023年10月9日至12日召开的中国工会第十八次全国代表大会，是在我国迈上全面建设社会主义现代化国家新征程、向第二个百年奋斗目标进军的关键时刻召开的一次十分重要的大会，是全国广大工会工作者和亿万职工群众政治生活中的一件大事。以习近平同志为核心的党中央高度重视中国工会十八大，习近平总书记等党和国家领导人出席大会开幕式，中共中央政治局常委、中央书记处书记蔡奇代表党中央向大会作了题为《奋力书写我国工人阶级投身强国建设民族复兴的壮丽篇章》的致词；大会闭幕后，10月23日，习近平总书记同中华全国总工会新一届领导班子成员集体谈话并发表重要讲话，高度评价党的十八大以来我国工人阶级在党和国家事业发展中作出的重大贡献，充分肯定新时代工运事业取得历史性成就、工会工作实现全方位进步，对做好今后一个时期的工会工作提出明确要求。这些充分体现了党中央对工人阶级和工会工作的高度重视，是对全国广大工会工作者和亿万职工群众的亲切关怀和巨大鼓舞。认真学习宣传贯彻习近平总书记重要讲话精神、努力完成中国工会十八大确定的目标任务，是当前和今后一个时期各级工会的重大政治任务。现就做好学习宣传贯彻工作通知如下。

一、认真学习、深刻领会习近平总书记重要讲话的重大意义和精神实质

习近平总书记在同中华全国总工会新一届领导班子成员集体谈话时发表的重要讲话，高屋建瓴、立意高远，思想深邃、语重心长，集中阐述了党中央关于工人阶级和工会工作的大政方针，进一步丰富和发展了习近平总书记关于工人阶级和工会工作的重要论述，是指导新时代党的工运事业和工会工作创新发展的纲领性文献，具有很强的政治性、思想性、理论性、指导性，为新时代新征程党的工运事业和工会工作发展指明了前进方向、提供了根本遵循。各级工会和广大工会工作者要认真学习领会、坚决贯彻落实，深刻理解重要讲话的重大意义，深刻把握重要讲话的丰富内涵和精神实质，深刻感悟蕴含其中的真理力量和实践伟力，进一步加深对习近平总书记关于工人阶级和工会工作的重要论述的理解把握，自觉用以武装头脑、指导实践、推动工作。

（一）深刻领会坚持党对工会的全面领导是最高政治原则。习近平总书记指出，工会是党领导的工人阶级群众组织，坚持党对工会的全面领导，任何时候、任何情况下都不能动摇、不能偏离；坚持党的领导必须全面地、有效地贯彻落实到工会工作全过程和各方面；要坚定维护党中央权威和集中统一领导，始终在思想上政治上行动上同党中央保持高度一致；

要坚持不懈用习近平新时代中国特色社会主义思想凝心铸魂，持续推动理论武装走深走实，不断增强学习践行党的创新理论的思想自觉和行动自觉；要牢记“国之大者”，找准工会工作与党的中心任务的结合点、切入点、着力点，推动党中央决策部署在工会系统落实落地；要加强思想政治引领，做好职工思想政治工作，教育引导广大职工坚定不移听党话、跟党走，确保工人阶级始终是我们党最坚实最可靠的阶级基础。这些重要指示，深刻回答了工会为什么必须坚持党的全面领导、怎样坚持党对工会的全面领导这一根本性问题，为做好工会工作提供了坚强政治保证。

（二）深刻领会组织动员广大职工群众为实现党的中心任务而团结奋斗是工会工作的根本所在。习近平总书记指出，要把广大职工群众紧密团结在党的周围，为实现党的中心任务而团结奋斗；要坚持全心全意依靠工人阶级的根本方针，充分调动广大职工群众的积极性、主动性、创造性，积极投身全面推进强国建设、民族复兴的伟大事业；要围绕贯彻新发展理念、构建新发展格局、推动高质量发展，广泛深入开展各种形式的劳动和技能竞赛，激发广大职工的劳动热情、创造潜能，在各行各业各个领域充分发挥主力军作用；要大力弘扬劳模精神、劳动精神、工匠精神，发挥好劳模工匠示范引领作用，激励广大职工在辛勤劳动、诚实劳动、创造性劳动中成就梦想；要围绕深入实施科教兴国战略、人才强国战略、创新驱动发展战略，深化产业工人队伍建设改革，加快建设一支知识型、技能型、创新型产业工人大军，培养造就更多大国工匠和高技能人才。这些重要指示，充分体现了习近平总书记对工人阶级的殷切期望，宣示了我们党坚持全心全意依靠工人阶级根本方针的坚定决心，为激励广大职工群众奋进新征程、建功新时代注入了新的强大动力。

（三）深刻领会维护职工合法权益、竭诚服务职工群众是工会的初心所在、使命所系。习近平总书记指出，工人阶级和广大劳动群众是社会财富的主要创造者，推动全体人民共同富裕取得更为明显的实质性进展，首先要体现在亿万劳动者身上；工会作为职工利益的代表者和维护者，要认真履行维权服务基本职责，着力解决关系职工群众切身利益的实际问题，重视维护新就业形态劳动者的合法权益；要加强企事业单位民主管理，畅通职工诉求表达渠道，引导职工依法维护自身权益，推动构建和谐劳动关系。这些重要指示，充分彰显了习近平总书记的深厚为民情怀，阐明了工会在推动实现共同富裕中应该干什么、能干什么、怎么干好等理论和实践问题，揭示了工会组织的安身立命之本，为新征程上工会更好履行维权服务基本职责提供了基本遵循。

（四）深刻领会深化工会改革和建设是工会永葆生机活力、当好桥梁纽带的动力所在。习近平总书记指出，要继续深化改革和建设，牢固树立大抓基层的鲜明导向，夯实基层基础，激发基层活力，不断增强基层工会的引领力、组织力、服务力；要健全已有的组织基础，扩大工会组织覆盖面；要创新工作方式，努力为职工群众提供精准、贴心的服务；工会干部要践行党的群众路线，深入调查研究，及时了解职工所思所想所盼，不断增强服务职工本领，真心实意为职工说话办事；全国总工会要带头加强自身建设，当标杆、作表率，成为让党放心、让人民满意的模范政治机关。这些重要指示，体现了改革永远在路上的时代要求，明确了今后一个时期深化工会改革和建设的重点任务，为新征程上深化工会改革和建设提供了科学指南。

（五）深刻领会各级党委加强对工会的领导、各级政府加强对工会的支持是做好工会工作的重要保证。习近平总书记指出，各级党委要加强对工会和工会工作的领导，选好配强工会领导班子，热情关心和严格要求工会干部，重视培养和使用工会干部；要注重发挥工会组织作用，及时研究职工群众和工会工作遇到的重要问题，支持工会创造性开展工作；各级政府要发挥好政府和工会联席会议作用，积极帮助工会解决职工群众的实际困难和问题。这些重要指示，体现了习近平总书记对工会组织和工会工作的高度重视，对各级党委和政府支持工会工作提出明确要求，为推进新时代工会工作创造了良好条件、提供了有力支撑。

二、全面把握中国工会十八大确定的目标任务

中国工会十八大精神十分丰富，要全面准确、深入系统理解把握，认真学习党中央致词精神，研读中国工会十八大报告和工会章程（修正案）等大会文件。

（一）认真学习党中央致词精神。蔡奇同志代表党中央作的致词，高度评价党的十八大以来我国工人阶级为推动党和国家事业取得历史性成就作出的重要贡献，充分肯定各级工会为推动新时代党的工运事业和工会工作取得巨大进步发挥的重要作用。致词明确提出党的中心任务就是中国工人运动和工会工作的主题和方向，强调我国工人阶级要发扬优良传统，强化使命担当，以忠诚可靠赓续工人阶级政治本色，以劳动创造担当工人阶级使命任务，以过硬本领展现工人阶级时代风采，以

团结奋斗弘扬工人阶级崇高品格。致词明确要求各级工会要忠诚党的事业、竭诚服务职工，勇于担当，奋发进取，始终坚持正确政治方向，广泛凝聚团结奋斗伟力，切实提高维权服务质量，有效发挥桥梁纽带作用。致词着重强调各级党委（党组）要加强和改进对工会工作的领导，为工会履职创造有利条件。党中央的致词，对新时代工人阶级和工会组织在以中国式现代化全面推进强国建设、民族复兴新征程上更好建功立业、创新创造，明确了新目标、提出了新要求。

（二）认真学习中国工会十八大报告。全国人大常委会副委员长、中华全国总工会主席王东明代表中华全国总工会第十七届执行委员会作的题为《以习近平新时代中国特色社会主义思想为指导 组织动员亿万职工为强国建设民族复兴团结奋斗》的报告，提出了大会的主题：坚持以习近平新时代中国特色社会主义思想为指导，全面贯彻党的二十大精神，深入贯彻习近平总书记关于工人阶级和工会工作的重要论述，全面落实全心全意依靠工人阶级根本方针，忠诚履职、勇于担当，组织动员亿万职工为全面建设社会主义现代化国家、全面推进中华民族伟大复兴团结奋斗；全面贯彻习近平新时代中国特色社会主义思想和党的二十大精神，从 8 个方面系统总结了新时代我国工运事业的发展和过去五年的工作；深刻阐述了坚持用习近平新时代中国特色社会主义思想统领工会工作的规律、经验，从 8 个方面对习近平总书记关于工人阶级和工会工作的重要论述的核心要义进行了深刻阐释，即“要坚持党对工运事业和工会工作的领导，永远保持自觉接受党的领导这一优良传统，坚定不移走中国特色社会主义工会发展道路”、“要坚持全心全意依靠工人阶级的根本方针，巩固工人阶级的领导阶级地位，充分发挥工人阶级的主力军作用”、“要牢牢把握为实现中华民族伟大复兴中国梦而奋斗的时代主题，紧紧围绕党和国家工作大局，组织带领广大职工群众为实现发展目标建功立业”、“要加强对职工群众的思想政治引领，引导职工群众听党话、跟党走，巩固党执政的阶级基础和群众基础”、“要深化产业工人队伍建设改革，努力建设高素质劳动大军”、“要大力弘扬劳模精神、劳动精神、工匠精神，依靠劳动创造扎实推进中国式现代化”、“要坚持以职工为中心的工作导向，切实实现好、维护好、发展好工人阶级和广大劳动群众合法权益”、“要围绕保持和增强政治性、先进性、群众性，深入推进工会改革创新，健全联系广泛、服务职工的工会工作体系”等，指出这一重要论述是习近平新时代中国特色社会主义思想的重要组成部分，是对马克思主义劳动学说和工运学说的继承和发展，是对中华优秀传统文化的传承和发扬，是对党领导工运事业丰富实践和宝贵经验提炼升华的重大成果，把我们党对工人运动和工会工作的规律性认识提升到一个新高度，为新时代工运事业和工会工作创新发展指明了前进方向、提供了行动指南；明确指出新时代新征程党的工运事业和工会工作主题、方向，从9个方面对今后五年工作进行了部署安排，即“坚持党的全面领导，引导职工群众更加紧密团结在党的周围”、“聚焦高质量发展这个首要任务，组织职工群众建功立业、创新创造”、“用心用情做好维权服务工作，实现好、维护好、发展好职工群众根本利益”、“着眼统筹发展和安全，坚决维护劳动领域政治安全”、“突出抓好基层基础工作，打通服务职工群众‘最后一公里’”、“贯彻全面依法治国部署要求，大力推进工会工作法治化”、“深化工会改革和建设，有效发挥党联系职工群众的桥梁纽带作用”、“加强工会和职工对外交流交往合作，讲好中国工人阶级故事”、“落实新时代全面从严治党要求，推动工会系统党的建设高质量发展”等。报告充分体现了党中央精神、反映了职工意愿、凝聚了工会智慧，需要各级工会结合实际贯彻落实。

（三）认真学习《中国工会章程（修正案）》。大会审议通过的《中国工会章程（修正案）》，在工会章程总则中增写深刻领悟“两个确立”的决定性意义、深入学习贯彻习近平总书记关于党的建设的重要思想、为实现新时代新征程党的中心任务而奋斗、发展全过程人民民主、推动产业工人队伍建设改革等内容，在有关条文中明确新就业形态劳动者入会权利，明确区域性、行业性工会联合会组织形式，规范基层工会委员会名称和任期，明确工会干部能力本领要求等，有利于更好地发挥工会章程的规范和指导作用。

三、认真做好学习宣传贯彻工作

各级工会要统一思想认识、提高政治站位，以更大力度、更实举措抓好习近平总书记重要讲话精神的学习宣传贯彻，确保不折不扣落实到工会工作全过程和各方面。

（一）加强组织领导。要把学习宣传贯彻习近平总书记重要讲话精神、努力完成中国工会十八大确定的目标任务摆上重要议事日程，与学习贯彻习近平新时代中国特色社会主义思想和党的二十大精神结合起来，与学习贯彻习近平总书记关于工人阶级和工会工作的重要论述结合起来，按照全国总工会统一部署，强化组织领导，周密部署安排，提出明确要求，精心组织实施，教育引导广大工会工作者和亿万职工群众把思想和行动统一到习近平总书记重要讲话精神上来，统一到完成中国工会十八大确定的目标任务上来，深刻领悟“两个确立”的决定性意义，增强“四个意识”、坚定“四个自信”、做到“两个维护”。要及时向同级党委和政府报告工会学习贯彻习近平总书记重要讲话精神、中国工会十八大精神情况，主动争取党委和政府的重视支持。

（二）抓好学习培训。要把学习宣传贯彻习近平总书记重要讲话精神作为各级工会工作者教育培训的重点内容和必修课，制定培训计划，通过举办专题学习会、报告会、研讨会、云直播、辅导讲座等，分层分类、分期分批对工会工作者进行专题培训、集中轮训。要召开各级工会党组（党委）理论学习中心组专题学习会议、理论研讨会等，开展专题学习、交流和研讨，发挥领导干部示范带头作用，在先学一步、深学一层上下功夫，以“关键少数”带动“绝大多数”。要以学习贯彻习近平总书记重要讲话精神为契机，学好用好《习近平关于工人阶级和工会工作论述摘编》这一权威教材，深化对重要论述的理解研究、学理阐释，完整、准确、全面理解把握重要论述的丰富内涵、精神实质、实践要求。全国总工会将统一组织编写学习辅导读本，供各级工会组织、广大工会工作者及关心工会工作的各界读者学习宣传中国工会十八大精神时参考。

（三）广泛宣传宣讲。要把宣传宣讲习近平总书记重要讲话精神的着力点聚焦到习近平总书记对工人阶级和工会工作一以贯之的高度重视和关心关怀上来，聚焦到习近平总书记对工运事业和工会工作一以贯之的深邃思考和科学部署上来。要充分发挥工会报刊、网站、院校、工人文化宫、职工书屋、工运纪念设施、劳模公园等宣传阵地作用，用好微信公众号、微博、视频号、学习强会等平台载体，通过开设专题专栏、系列评论、互动交流等多种途径，全面反映全国广大工会工作者和亿万职工群众学习宣传贯彻习近平总书记重要讲话精神的热烈反响，及时推介各级工会学习宣传贯彻的典型经验做法。要发挥劳动模范、工匠人才、先进职工的先锋示范带动作用，抽调骨干力量组成宣讲团，创新用好“云宣讲”、微宣讲等形式，广泛深入开展“万名劳模工匠宣讲党的创新理论”等有特色、接地气、入人心的宣讲活动，领导干部要带头深入基层一线、深入职工群众，面对面开展宣讲，推动习近平总书记重要讲话精神走向基层、走进企业、走近职工。

（四）推动落实落地。要认真研究制定贯彻落实中国工会十八大精神的具体措施，找准工会工作与党的中心任务的结合点、切入点、着力点，科学谋划思路举措，分解细化目标任务，明确工作落实的时间表和路线图，筹划好当前和今后一个时期的工作。要旗帜鲜明坚持党的全面领导，推动党中央决策部署在工会系统落实落地；扎实做好职工思想政治工作，团结引导广大职工坚定不移听党话、跟党走；牢牢把握我国工人运动时代主题，广泛深入持久开展劳动和技能竞赛，持续深化产业工人队伍建设改革，组织动员广大职工在强国建设、民族复兴新征程上充分发挥主力军作用；聚焦主责主业，用心用情做好维权服务工作，加强工会服务站点双 15 工程、“司机之家”建设，努力为职工群众提供精准、贴心的服务；坚决维护劳动领域政治安全，加强全国工会“12351”职工维权服务热线平台建设，有效防范化解劳动领域重大风险隐患，维护我国职工队伍和工会组织的团结统一，切实把“五个坚决”要求落到实处；围绕保持和增强政治性、先进性、群众性，突出抓好基层基础工作，增强基层工会的引领力、组织力、服务力。

各省、自治区、直辖市总工会，各全国产业工会，中央和国家机关工会联合会学习宣传贯彻习近平总书记重要讲话精神、落实中国工会十八大确定的目标任务情况要及时报告全国总工会。

中华全国总工会

2023 年 10 月 25 日

后　记

中国工会第十八次全国代表大会，是在我国迈上全面建设社会主义现代化国家新征程、向第二个百年奋斗目标进军的关键时刻召开的一次十分重要的大会。习近平总书记在同全国总工会新一届领导班子成员集体谈话时的重要讲话，为新时代新征程党的工运事业和工会工作提供了根本遵循。为便于各级工会组织、广大工会干部及关心工会工作的各界读者学习领会中国工会十八大精神，我们组织编辑了《中国工会十八大文件汇编》一书。

全书主要编录党和国家领导人讲话、致词，中国工会十八大文件，中国工会十八大领导机构、全总十八届领导机构名单，人民团体贺词、解放军和武警部队贺词，重要新闻报道和学习宣传贯彻通知等。

全国总工会对本书的编写高度重视，成立编委会，由全国总工会党组书记、副主席、书记处第一书记徐留平任主编，全国总工会副主席、书记处书记、党组成员，中国工会十八大文件起草组组长魏地春任副主编，全总党组、书记处其他领导同志任编委。

参加本书编写的人员是（按姓氏笔画为序）：马惠珺、马骥、王利中、石毅、冯永光、孙永刚、孙瀚乐、杜德军、李阳、李松晓、李羿、李睿祎、步志昊、张泽、张贺、姚胜男、徐世鼎、徐田成、徐春蕾、高志菲、陶志勇、赖金金、裴朝锋、廖枢权。全书由全国总工会研究室主任、文件起草组常务副组长王利中负责审稿。中国工会十八大组织组、财务工作报告起草组、经审工作报告起草组等作了相关工作。

编　者

2023 年 10 月